C++-Standardbibliothek

kurz & gut

Rainer Grimm

O'REILLY®

Rainer Grimm

Lektorat: Alexandra Follenius, Köln
Fachgutachten: Karsten Ahnert, Guntram Berti, Dmitry Ganyushin, Sven Johannsen, Torsten Robitzki und Bart Vandewoestyne
Korrektorat: Sibylle Feldmann, Düsseldorf
Umschlaggestaltung: Michael Oreal, Köln
Produktion: Karin Driesen, Köln
Satz: Reemers Publishing Services GmbH, Krefeld, www.reemers.de
Belichtung, Druck und buchbinderische Verarbeitung:
Media-Print Informationstechnologie GmbH, Paderborn

Bibliografische Information Der Deutschen Bibliothek
Die Deutsche Bibliothek verzeichnet diese Publikation in der Deutschen Nationalbibliografie; detaillierte bibliografische Daten sind im Internet über *http://dnb.ddb.de* abrufbar.

ISBN 978-3-95561-968-8

1. Auflage 2015

c/o dpunkt.verlag GmbH
Wieblinger Weg 17
D-69123 Heidelberg

Inhalt

KAPITEL 1

Einführung

C++-Standardbibliothek – kurz & gut ist eine Schnellreferenz zur Standardbibliothek des C++-Standards C++11. Der internationale Standard ISO/IEC 14882:2011 umfasst gut 1.300 Seiten und wurde 2011 veröffentlicht, also 13 Jahre nach dem bisher einzigen C++-Standard C++98. Formal betrachtet, ist zwar C++03 ein weiterer C++-Standard, der 2003 verabschiedet wurde. C++03 hat aber nur den Charakter einer technischen Korrektur.

Ziel dieser Kurzreferenz ist es, die Standardbibliothek von C++ kompakt vorzustellen. Im O'Reilly Verlag ist auch ein Buch zur C++-Kernsprache in der Reihe Taschenbibliothek erschienen. Ein Buch zur C++-Standardbibliothek setzt die Features der C++-Kernsprache voraus. Gegebenenfalls werde ich Features der Kernsprache vorstellen, um die Funktionalität der Standardbibliothek besser darstellen zu können. Beide Bücher dieser Reihe sind in Stil und Umfang sehr ähnlich und ergänzen sich ideal. 2014, beim Schreiben dieses Werks, wurde eine Ergänzung des C++11-Standards verabschiedet: C++14. In diesem Buch werde ich auch auf die Neuerungen für C++ eingehen, die C++14 für die Standardbibliothek mit sich bringt.

Dieses Buch wurde für den Leser geschrieben, der eine gewisse Vertrautheit mit C++ besitzt. Dieser C++-Programmierer wird aus der konzentrierten Referenz der Standardbibliothek von C++ den größten Nutzen ziehen. Wenn C++ für Sie hingegen noch neu ist, sollten Sie im ersten Schritt ein Lehrbuch über C++ dieser Kurzreferenz vorziehen. Haben Sie das Lehrbuch aber gemeistert, hilft Ihnen dieses Werk mit den vielen kurzen Codebeispielen, die Komponenten der Standardbibliothek von C++ in einem weiteren Schritt sicher anzuwenden.

Konventionen

Mit diesen wenigen Konventionen sollte das Buch leichter lesbar sein.

Typografie

In dem Buch werden die folgenden typografischen Konventionen verwendet:

Kursiv
: Diese Schrift wird für Dateinamen und Hervorhebungen verwendet.

`Nichtproportionalschrift`
: Diese Schrift wird für Code, Befehle, Schlüsselwörter und Namen von Typen, Variablen, Funktionen und Klassen verwendet.

Quellcode

Obwohl ich kein Freund von `using`-Anweisungen und `using`-Deklarationen bin, da sie die Herkunft einer Bibliotheksfunktion verschleiern, werde ich gegebenenfalls in den Codebeispielen davon Gebrauch machen, und zwar einfach, weil die Länge einer Seitenzeile beschränkt ist. Es wird aber immer aus dem Codebeispiel hervorgehen, ob ich eine `using`-Deklaration (`using std::cout;`) oder eine `using`-Anweisung (`using namespace std;`) verwendet habe.

In den Codebeispielen werde ich nur die Header-Datei verwenden, dessen Funktionalität in dem Kapitel dargestellt wird.

Wahrheitswerte werde ich in den Ausgaben der Codebeispiele immer als `true` oder `false` darstellen, auch wenn das `std::boolalpha`-Flag (siehe *In diesem Buch werden nur Manipulatoren als Formatspecifier verwendet* (siehe Tipp Seite 178)) in dem Beispiel nicht verwendet wird.

Wert versus Objekt

Built-in-Datentypen, die C++ von C geerbt hat, nenne ich der Einfachheit halber Werte. Anspruchsvollere Datentypen, die oft *Built-in*-Datentypen enthalten, nenne ich Objekte. Dies sind in der Regel benutzerdefinierte Datentypen oder auch Container.

Index

Da die Namen der Standardbibliothek mit dem Namensraum `std` beginnen, verwende ich diesen im Index der Einfachheit halber nicht, sodass zum Beispiel die Information zum Vektor `std::vector` im Index unter `vector` zu finden ist.

Danksagungen

Ich möchte Alexandra Follenius, meiner Lektorin bei O'Reilly, für ihre Unterstützung und Anleitung bei der Arbeit mit diesem Buch danken. Danke vor allem aber auch an Karsten Ahnert, Guntram Berti, Dmitry Ganyushin, Sven Johannsen, Torsten Robitzki und Bart Vandewoestyne, die sich die Zeit genommen haben, das Manuskript auf sprachliche und insbesondere inhaltliche Fehler zu durchleuchten.

C++ versus C++11

Wer könnte C++11 besser charakterisieren als Bjarne Stroustrup, Erfinder von C++:

> Surprisingly, C++11 feels like a new language: The pieces just fit together better than they used to and I find a higher-level style of programming more natural than before and as efficient as ever.
>
> Bjarne Stroustrup, http://www.stroustrup.com/C++11FAQ.html

Bjarne Stroustrup hat recht. C++11 fühlt sich wie eine neue Sprache an, denn C++11 hat einiges gegenüber klassischem C++ zu bieten. Dies trifft nicht nur auf die Kernsprache, dies triff vor allem auch auf die verbesserte und deutlich erweiterte Standardbibliothek zu. Die Bibliothek mit den regulären Ausdrücken für die mächtigere Verarbeitung von Texten, die Type-Traits-Bibliothek, um Typinformationen zu erhalten, zu vergleichen oder zu modifizieren, sowie die neue Zufallszahlen- oder Zeitbibliothek sind nun genauso auf der Habenseite von C++ wie die erweiterten Smart Pointer für die explizite Speicherverwaltung oder die neuen Container `std::array` und `std::tuple`. Neu ist vor allem aber auch, dass sich C++ zum ersten Mal mit der Multithreading-Bibliothek der Existenz von mehreren Threads bewusst ist.

KAPITEL 2

Die Standardbibliothek

Die C++-Standardbibliothek besteht aus vielen Komponenten. Dieses Kapitel gibt Ihnen auf der einen Seite einen kurzen Überblick darüber und zeigt zum anderen, wie die bestehende Funktionalität genutzt werden kann.

Die Chronologie

C++ und damit auch deren Standardbibliothek besitzen eine lange Geschichte. Sie beginnt in den 80er-Jahren des letzten Jahrtausends und endet vorerst 2014. Wer die Softwareentwicklung kennt, weiß, wie schnell die Branche tickt. Daher sind gut 30 Jahre ein sehr langer Zeitraum. So nimmt es nicht Wunder, dass deren erste Komponenten wie die I/O-Streams mit einem anderen Verständnis von guter Softwareentwicklung entworfen wurden als die moderne Standard Template Library (STL). Dieser Wandel in der Softwareentwicklung der letzten gut 30 Jahre, der sich in der C++-Standardbibliothek widerspiegelt, ist auch ein Wandel in der Art und Weise, wie Softwareprobleme gelöst werden. So startete C++ als objektorientierte Sprache, erweiterte sich insbesondere durch die STL der generischen Programmierung und nimmt mittlerweile immer mehr Impulse der funktionalen Programmierung auf.

Die erste C++-Standardbibliothek aus dem Jahr 1998 enthielt im Wesentlichen drei Komponenten. Das waren zum einen die bereits zitierten IO-Streams für den Umgang mit Dateien, das war zum anderen die Stringbibliothek, und das war die Standard Template

Library, die es auf generische Weise erlaubt, Algorithmen auf Containern anzuwenden.

Weiter ging es 2005 mit dem Technical Report 1 (TR1). Diese C++-Bibliothekserweiterung ISO/IEC TR 19768 war zwar kein offizieller Standard, enthielt aber viele Bibliothekskomponenten, die nahezu alle in den C++11-Standard aufgenommen wurden. So enthielt TR1 Bibliotheken zu regulären Ausdrücken, Smart Pointern, Hashtabellen sowie die Zufallszahlen- und Zeitbibliothek.

Neben der Standardisierung von TR1 enthält die Erweiterung eine vollständig neue Bibliothekskomponente: die Multithreading-Bibliothek.

Wie geht's weiter? Mit C++17 und C++22 sind zwei neue C++-Standards geplant. Diese werden vor allem neue Bibliotheken mit sich bringen. Zum jetzigen Zeitpunkt zeichnet es sich ab, dass C++ um die Unterstützung von Dateisystemen, Netzwerkprogrammierung und Modulen erweitert wird. Templates werden mit Concepts Lite ein Typsystem erhalten. Weitere High-Level-Bibliotheken zum Multithreading – insbesondere Transcational Memory – werden folgen.

Überblick

C++ enthält mittlerweile viele Bibliotheken. Da ist es nicht immer ganz einfach, die richtige Bibliothek für seinen Anwendungsfall auf Anhieb zu finden. Genau diese Suche soll dieser kurze Überblick erleichtern.

Praktische Werkzeuge

Praktische Werkzeuge, oder auch auf Englisch *Utilities*, sind Bibliotheken, die einen allgemeinen Fokus besitzen und daher in vielen Kontexten angewandt werden können.

Zu diesen praktischen Bibliotheken gehören Funktionen zum Berechnen des Minimums oder Maximums von Werten, aber auch Funktionen zum Tauschen oder Verschieben von Werten.

Weiter geht es mit dem praktischen Funktionspaar std::function/ std::bind. Während std::bind es erlaubt, neue Funktionen aus bestehenden Funktionen zu erzeugen, ermöglicht es std::function, diese Funktionen an eine Variable zu binden und aufzurufen.

Mit std::pair und seiner Verallgemeinerung std::tuple lassen sich heterogene Paare und Tupel beliebiger Länge bilden.

Sehr praktisch sind die Referenz-Wrapper std::ref und std::cref, um einfach einen Referenz-Wrapper um eine Variable zu erzeugen, die im zweiten Fall konstant ist.

Das Highlight bei den praktischen Werkzeugen sind aber ohne Zweifel die Smart Pointer. Erlauben sie es doch, explizite Speicherverwaltung in C++ umzusetzen. Während std::unique_ptr den Lebenszyklus einer Variablen explizit verwaltet, bietet der Smart Pointer std::shared_ptr geteilte Besitzverhältnisse an. Dabei setzt er Referenz-Counting ein, um die Lebenszeit seiner Ressource zu managen. Zyklische Referenzen, das klassische Problem des Referenz-Countings, löst der dritte Smart Pointer im Bunde: std::weak_ptr.

Die Type-Traits-Bibliothek erlaubt es, Typeigenschaften abzufragen, Typen zur Übersetzungszeit zu vergleichen und sogar zu modifizieren.

Die Zeitbibliothek ist ein wichtiger Bestandteil der Multithreading-Fähigkeit von C++. Sie ist aber auch sehr praktisch für einfache Performancemessungen.

Die Standard Template Library

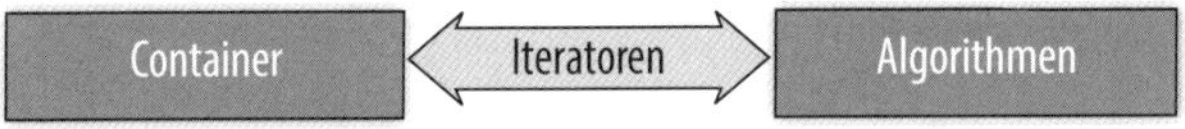

Die Standard Template Library (STL) besteht im Wesentlichen aus drei Komponenten. Das sind zum einen die Algorithmen und die Container, auf denen sie wirken, das sind zum anderen die Iteratoren, die das Bindeglied zwischen den Algorithmen und Containern darstellen. Die Abstraktion der generischen Programmierung erlaubt es, Algorithmen und den Container auf einzigartige Weise zu kombinieren. Dabei stellen die Algorithmen und Container minimale Bedingungen an ihre verwendeten Typen.

Die C++-Standardbibliothek enthält eine reiche Kollektion an Containern. Auf der obersten Ebene sind es sequenzielle und assoziative Container. Die assoziativen Container lassen sich wiederum in geordnete und ungeordnete assoziative Container klassifizieren.

Jeder der sequenziellen Container besitzt sein besonderes Einsatzgebiet. In 95 % der Anwendungsfälle ist aber `std::vector` die richtige Wahl. So lässt sich seine Größe zur Laufzeit anpassen, er verwaltet seinen Speicher automatisch und bietet dies noch in Kombination mit herausragender Performance an. Im Gegensatz dazu unterstützt `std::array` als einziger sequenzielle Container keine Anpassung seiner Größe zur Laufzeit. Er ist sowohl auf Performance als auch auf minimale Speicheranforderungen getrimmt. Während `std::vector` für das Einfügen von Elementen an seinem Ende optimiert ist, kann dies `std::deque` auch am Anfang. Mit `std::list` als doppelt verkettete und `std::forward_list` als einfach verkettete Liste besitzt C++ zwei weitere Container, die Operationen auf beliebigen Stellen im Container mit hoher Performance ermöglichen.

Assoziative Container sind Container von Schlüssel/Wert-Paaren. Dabei bieten sie ihre Werte über ihre Schlüssel an. Typische Anwendungsfälle für assoziative Container sind Telefonbücher. Mit dem Schlüssel *Familienname* lässt sich einfach der Wert *Telefonnummer* ermitteln. C++ bietet acht verschiedene assoziative Container an: Da sind zum einen die assoziativen Container, deren Schlüssel geordnet sind: `std::set`, `std::map`, `std::multiset` und `std::multimap`. Und da sind zum anderen die ungeordneten assoziativen Container: `std::unordered_set`, `std::unordered_map`, `std::unordered_multiset` und `std::unordered_multimap`.

Zuerst zu den geordneten assoziativen Containern. Der Unterschied zwischen `std::set` und `std::map` ist, dass Ersterer keinen assoziierten Wert besitzt, der Unterschied zwischen `std::map` und `std::multimap` ist dass Letzterer mehrere gleiche Schlüssel erlaubt. Die Namenskonventionen gelten auch für die ungeordneten assoziativen Container, die den geordneten sehr ähnlich sind. Der wesentliche Unterschied zwischen den geordneten und den ungeordneten assoziativen Containern ist aber deren Performance. Während die geordneten assoziativen Container eine Zugriffszeit zusichern, die logarithmisch von der Anzahl ihrer Elemente abhängt, erlauben die ungeordneten assoziativen Container im Durchschnittsfall eine konstante Zugriffszeit. Für `std::map` gilt das Gleiche wie für `std::vector`. Er ist in 95 % der Anwendungsfälle die erste Wahl für einen assoziativen Container.

Container-Adapter bieten ein vereinfachtes Interface für die sequenziellen Container an. C++ kennt den `std::stack`, `std::queue` und `std::priority_queue`. Damit lassen sich die entsprechenden Datenstrukturen implementieren.

Iteratoren sind das Bindeglied zwischen den Containern und den Algorithmen. Sie werden durch die Container direkt erzeugt. Als verallgemeinerte Zeiger erlauben sie je nach Containertyp das Vorwärts- sowie das Vor- und Rückwärts-Iterieren in dem Container oder sogar den wahlfreien Zugriff. Durch Iterator-Adapter können Iteratoren direkt mit einem Stream interagieren.

Neben dem reichen Satz an Containern enthält die STL über 100 Algorithmen, die auf Elemente oder Bereichen eines Containers wirken. Diese Bereiche werden immer durch zwei Iteratoren definiert. Der erste Iterator definiert dabei den Anfang, der zweite das Ende des Bereichs. Dabei gehört dieser sogenannte *Enditerator* selbst nicht mehr zum Bereich, sondern zeigt auf das Element direkt hinter dem Bereich.

Die Algorithmen spannen einen großen Anwendungsbereich auf. So lassen sich mit ihnen Elemente finden und zählen, Bereiche finden, vergleichen oder auch transformieren. Weiter geht es mit Algorithmen, die Elemente erzeugen, ersetzen oder auch entfernen. Auch für die Aufgaben, einen Container zu sortieren, zu partitionieren, sein Minimum und das Maximum zu bestimmen und seine Elemente zu permutieren, gibt es eine Vielzahl von verschiedenen Algorithmen. Viele Algorithmen können über aufrufbare Einheiten wie Funktionen, Funktionsobjekte oder auch Lambda-Funktionen parametrisiert werden. Damit ist es möglich, flexible Kriterien für die Suche von Elementen oder das Transformieren von Elementen zu spezifizieren und damit die Mächtigkeit der Algorithmen deutlich zu steigern.

Numerik

Für die Numerik besitzt C++ zwei Bibliotheken. Das ist zum einen die Zufallszahlenbibliothek, und zum anderen sind es die mathematischen Funktionen, die C++ von C geerbt hat.

Die Zufallszahlenbibliothek besteht aus zwei Komponenten. Das sind zum einen die Zufallszahlenerzeuger und zum anderen die Zufallszahlenverteiler. Während die Zufallszahlenerzeuger einen Zahlenstrom zwischen einem Minimum- und einem Maximumwert erzeugt, bildet die Zufallszahlenverteilung diesen auf die Verteilung ab.

Dank C besitzt C++ viele mathematische Standardfunktionen. Dies sind logarithmische, exponentielle oder auch trigonometrische Funktionen.

Textverarbeitung

Mit Strings und regulären Ausdrücken besitzt C++ zwei mächtige Bibliotheken, um Texte komfortabel zu verarbeiten.

Der `std::string` enthält einen reichen Satz an Methoden, um diesen zu analysieren oder zu modifizieren. Da er einem `std::vector` von Zeichen sehr ähnlich ist, können auch die Algorithmen der STL auf ihn angewandt werden. Als Nachfolger der C-Strings ist er deutlich sicherer, denn er verwaltet seinen Speicher automatisch.

Reguläre Ausdrücke sind eine Sprache zum Beschreiben von Zeichenmustern. Diese Zeichenmuster lassen sich mit der Reguläre-Ausdrücke-Bibliothek in C++ dazu verwenden, zu bestimmen, ob ein Zeichenmuster einem Text entspricht oder ob ein Zeichenmuster in einem Text ein- oder mehrmals vorkommt. Selbst Zeichenmuster lassen sich in einem Text ersetzen.

Ein- und Ausgabe

Mit den I/O-Streams steht in C++ schon lange eine Bibliothek zur Verfügung, die es erlaubt, mit der Außenwelt zu kommunizieren.

Kommunikation heißt in diesem konkreten Fall, dass der Extraktor (>>) erlaubt, von einem Eingabestream formatiert oder unformatiert zu lesen, und dass der Einfüger (<<) ermöglicht, auf einen Ausgabestream die Daten zu schieben. Diese können mit Manipulatoren formatiert werden.

Die Streamklassen bilden eine ausgefeilte Klassenhierarchie. Dabei sind zwei Streamklassen von besonderer Bedeutung. Zum einen ermöglichen Stringstreams, Strings und Stream miteinander interagieren zu lassen, zum anderen ermöglichen Dateistreams, Dateien einfach zu lesen und zu schreiben. Der Zustand eines Streams wird über Flags ausgedrückt, die gelesen und manipuliert werden können.

Durch das Überladen des Ein- und Ausgabeoperators interagiert ein eigener Datentyp wie ein Built-in-Datentyp mit der Außenwelt.

Multithreading

Mit dem 2011 verabschiedeten aktuellen C++-Standard C++11 erhielt C++ eine Multithreading-Bibliothek. Diese enthält die elementaren Bestandteile wie atomare Variablen, Threads, Locks und Bedingungsvariablen, auf denen zukünftige C++-Standards weitere Abstraktionen anbieten werden. Gegenüber diesen Bausteinen kennt C++11 aber auch Tasks, die einen deutlich abstrakteren Umgang mit mehreren Threads ermöglichen.

Auf Low-Level-Ebene besitzt C++11 zum ersten Mal ein Speichermodell und atomare Variablen. Beide zusammen sind die Grundlage dafür, dass Multithreading-Programme ein definiertes Verhalten ermöglichen.

Ein Thread startet in C++ sofort seine Arbeit. Er kann im Vorder- oder auch im Hintergrund laufen, seine Daten per Kopie oder per Referenz annehmen.

Der Zugriff auf von Threads gemeinsam genutzten Daten muss koordiniert werden. Diese Koordination bietet C++ mit Mutexen und Locks in verschiedenen Variationen an. Oft ist es aber ausreichend, die Daten sicher zu initialisieren, da sie während ihrer ganzen Lebenszeit als Konstante verwendet werden.

Thread-lokale Daten sind Daten, für die jeder Thread eine eigene Kopie besitzt. Damit kann es nicht zu Konflikten mit anderen Threads kommen.

Bedingungsvariablen sind eine klassische Lösung dafür, Sender-Empfänger-Arbeitsabläufe zu implementieren. Die Idee ist, dass der Sender signalisiert, dass er mit seiner Arbeit fertig ist, sodass der Empfänger mit seiner Arbeit beginnen kann.

Tasks sind Threads sehr ähnlich. Während bei einem Thread der Programmierer explizit diesen erzeugt, übernimmt das bei einem Task die C++-Laufzeit. Tasks lassen sich am einfachsten als geteilte Datenkanäle vorstellen. Ein *Promise* schiebt sein Datum in den Datenkanal, das ein *Future* abholen kann. Dieses Datum kann ein Wert, eine Ausnahme oder nur eine Benachrichtigung sein.

Bibliotheken verwenden

Um eine Bibliothek in einer ausführbaren Datei zu verwenden, sind in der Regel drei Schritte notwendig. Zuerst müssen die Header-Dateien durch `#include`-Anweisungen eingebunden werden. Damit sind die Namen der Bibliothek dem Compiler bekannt. Da sich die Header-Dateien der C++-Standardbibliothek in dem Namensraum `std` befinden, können ihre Namen im zweiten Schritt entweder voll qualifiziert verwendet oder müssen in den globalen Namensraum integriert werden. Zuletzt gilt es noch, dem Linker die zusätzlichen Bibliotheken anzugeben. Dieser Schritt kann in der Regel bei der C++-Standardbibliothek entfallen.

Header-Dateien einbinden

Durch die `#include`-Anweisung bindet der Präprozessor eine andere Datei, in der Regel eine Header-Datei, ein. Dabei werden die Header-Dateien in spitze Klammern eingeschlossen:

```
#include <iostream>
#include <vector>
```

WARNUNG

Da die Compiler-Implementierer frei sind, in ihren Header-Dateien zusätzliche Header-Dateien einzubinden, ist es möglich, dass Ihr Programm bereits alle notwendigen Header-Dateien implizit enthält, obwohl Sie diese nicht explizit angefordert haben. Sie sollten sich auf dieses Verhalten aber nicht verlassen, sondern immer alle Header-Dateien explizit anfordern, die die entsprechende Bibliothek benötigt. Denn bei einem Upgrade des Compilers oder einer Portierung des Programms auf eine andere Plattform ist die Gefahr groß, dass sich Ihr Programm infolge fehlender Header-Dateien nicht mehr übersetzen lässt.

Namensräume verwenden

Die Namen eines Namensraums können qualifiziert, unqualifiziert oder mit einem Alias verwendet werden.

Namen qualifiziert verwenden

Bei der qualifizierten Verwendung eines Namens werden diese genau so verwendet, wie sie definiert wurden. Jedem Namensraum wird dabei der Bereichsauflöser `::` vorangestellt. Mehrere Bibliotheken der C++-Standardbibliothek verwenden mehrere eingebettete Namensräume. Diese verschachtelten Namensräume müssen bei der qualifizierten Anwendung spezifiziert werden:

```
#include <iostream>
#include <chrono>
...
std::cout << "Hello world:" << std::endl;
auto timeNow= std::chrono::system_clock::now();
```

Namen unqualifiziert verwenden

Namen können in C++ mit der using-Deklaration und der using-Anweisung verwendet werden.

using-Deklaration

Eine using-Deklaration fügt einen Namen zu dem Sichtbarkeitsbereich hinzu, in dem sich die using-Deklaration selbst befindet:

```
#include <iostream>
#include <chrono>
...
using std::cout;
using std::endl;
using std::chrono::system_clock;
...
cout << "Hello world:" << endl;  // unqualifizierter Name
auto timeNow= now();             // unqualifizierter Name
```

Die Verwendung der using-Deklaration besitzt die folgenden Konsequenzen:

- Ein Compiler-Fehler tritt auf, wenn der gleiche Name auch andernorts im gleichen Sichtbarkeitsbereich deklariert wird.
- Wenn der gleiche Name in einem umgebenden Sichtbarkeitsbereich deklariert wird, wird dieser durch die using-Deklaration verborgen.

using-Anweisung

Die using-Anweisung erlaubt es, alle Namen aus einem Namensraum ohne Qualifikation zu verwenden:

```
#include <iostream>
#include <chrono>
...
using namespace std;
...
cout << "Hello world:" << endl;  // unqualifizierter Name
auto timeNow= chrono::system_clock::now(); //teilqualifizierter
                                           //Name
```

Eine using-Anweisung fügt keinen Namen zum aktuellen Sichtbarkeitsbereich hinzu, sondern macht diese nur von dort aus erreichbar. Das bedeutet insbesondere:

- Wenn ein Name andernorts im lokalen Sichtbarkeitsbereich deklariert wird, wird der Name im Namensraum von der lokalen Deklaration verborgen.
- Ein Name im Namensraum verbirgt einen im umgebenden Sichtbarkeitsbereich deklarierten gleichen Namen.
- Ein Compiler-Fehler tritt auf, wenn der gleiche Name aus mehreren Namensräumen sichtbar gemacht wird oder wenn ein Name im Namensraum einen Namen im globalen Namensraum verbirgt.

WARNUNG

using-Anweisungen sollten mit Vorsicht in Quelldateien verwendet werden, denn durch ein `using namespace std` werden alle Namen aus `std` sichtbar. Damit werden gegebenenfalls auch Namen sichtbar, die Namen im lokalen oder umgebenden Namensraum *zufällig* verbergen.

using-Anweisungen sollten nicht in Header-Dateien verwendet werden. Eine `using namespace std` führt dazu, dass durch das Einbinden der Header-Datei automatisch alle Namen aus `std` sichtbar sind.

Namensraum-Alias

Ein Namensraum-Alias deklariert einen alternativen Namen für einen Namensraum. Ein neuer Name für einen bestehenden Namensraum bietet sich bei einem sehr langen Namen oder bei eingebetteten Namensräumen an:

```
#include <chrono>
...
namespace sysClock= std::chrono::system_clock;
```

```
auto nowFirst= sysClock::now();
auto nowSecond= std::chrono::system_clock::now();
```

Durch den Namensraum-Alias lässt sich die `now`-Funktion sowohl qualifiziert als auch über ihren neuen Namen `sysClock` ansprechen. Ein Namensraum-Alias darf keinen Namen verbergen.

Ein ausführbares Programm erzeugen

In seltenen Fällen ist es notwendig, dass Sie Ihr Programm noch explizit gegen eine verwendete Bibliothek linken müssen. Diese Aussage ist natürlich abhängig von Ihrer Plattform. Mit dem aktuellen *g++*- oder *clang++*-Compiler gilt dies nur für Multithreading-Programme, die Sie gegen die `pthread`-Bibliothek linken müssen:

```
g++ -std=c++11 -o thread -lpthread thread.cpp
```

KAPITEL 3

Praktische Werkzeuge

Praktische Werkzeuge sind Werkzeuge, die so allgemein einsetzbar sind, dass sie an kein besonderes Einsatzgebiet gebunden sind. Diese Aussage trifft auf die Funktionen und Bibliotheken in diesem Kapitel zu. So enthalten die praktischen Werkzeuge Funktionen, die auf beliebige Werte anwendbar sind und die neue Funktionen erzeugen und an einen Namen binden. Beliebige Werte beliebiger Typen lassen sich in Paaren und Tupeln speichern, Referenzen um beliebige Werte bilden. Mit den Smart Pointern lässt sich ein explizites Speichermanagement für alle Typen umsetzen. Für generelle Informationen über das C++-Typsystem sorgt die neue Type-Traits-Bibliothek.

Praktische Funktionen

Die verschiedenen Varianten der `min`-, `max`- und `minmax`-Funktionen lassen sich auf Werte und Initialisiererlisten anwenden. Sie sind in der Header-Datei `<algorithm>` definiert. Ähnliches gilt für die Funktionen `std::move`, `std::forward` und `std::swap`, die auf Werten agieren. Diese drei Funktionen benötigen hingegen die Header-Datei `<utility>`.

std::min, std::max und std::minmax

Die Funktionen `std::min`, `std::max` und `std::minmax` agieren auf Werten oder Initialisiererlisten und geben den nachgefragten Wert als Ergebnis zurück. Im Fall der Funktion `std::minmax` besteht das Ergebnis aus einem Paar `std::pair`, wobei der erste Element des

Paares das Minimum, das zweite Element das Paares des Maximum der Werte ist. Per Default vergleichen die Funktionen ihre Werte mit dem Vergleichsoperator kleiner (<). Es ist aber möglich, eine eigene Vergleichsfunktion zu verwenden. Diese Funktion benötigt zwei Argumente des entsprechenden Typs und gibt als Ergebnis ein Wahrheitswert zurück:

```
#include <algorithm>
...
cout << std::min(2011,2014);                          // 2011
cout << std::min({3,1,2011,2014,-5});                 // -5
cout << std::min(-10,-5,[](int a, int b)
          {return std::abs(a) < std::abs(b);});  // -5

auto pairInt= std::minmax(2011,2014);
auto pairSeq= std::minmax({3,1,2011,2014,-5});
auto pairAbs= std::minmax({3,1,2011,2014,-5},[](int a, int b)
         {return std::abs(a) < std::abs(b);});

cout << pairInt.first << "," << pairInt.second;  // 2011,2014
cout << pairSeq.first << "," << pairSeq.second;  // -5,2014
cout << pairAbs.first << "," << pairAbs.second;  // 1,2014
```

Tabelle 3-1 gibt eine Übersicht über alle drei Varianten:

Tabelle 3-1: Die Variationen von std::min, std::max und std::minmax

Funktion	Beschreibung
`min(a,b)`	Gibt den minimalen Wert von `a` und `b` zurück.
`min(a,b,comp)`	Gibt den minimalen Wert von `a` und `b` mithilfe des Prädikats `comp` zurück.
`min(Initialisiererliste)`	Gibt den minimalen Wert der Initialisiererliste zurück.
`min(Initialisiererliste,comp)`	Gibt den minimalen Wert der Initialisiererliste mithilfe der Prädikats `comp` zurück.
`max(a,b)`	Gibt den maximalen Wert von `a` und `b` zurück.
`max(a,b,comp)`	Gibt den maximalen Wert von `a` und `b` mithilfe des Prädikats `comp` zurück.
`max(Initialisiererliste)`	Gibt den maximalen Wert der Initialisiererliste zurück.
`max(Initialisiererliste,comp)`	Gibt den maximalen Wert der Initialisiererliste mithilfe der Prädikats `comp` zurück.
`minmax(a,b)`	Gibt den minimalen und maximalen Wert von `a` und `b` als Paar zurück.

Tabelle 3-1: Die Variationen von std::min, std::max und std::minmax (Fortsetzung)

Funktion	Beschreibung
`minmax(a,b,comp)`	Gibt den minimalen und den maximalen Wert von `a` und `b` mithilfe des Prädikats `comp` zurück.
`minmax(Initialisiererliste)`	Gibt den minimalen und maximalen Wert der Initialisiererliste als Paar zurück.
`minmax(Initialisiererliste,comp)`	Gibt den minimalen und maximalen Wert der Initialisiererliste mithilfe der Prädikates `comp` zurück.

std::move

Die Funktion `std::move` ermöglicht dem Compiler, seine Ressource zu verschieben. Bei der sogenannten Move-Semantik werden die Werte des ursprünglichen Objekts so in das neue Objekt verschoben, dass deren Werte danach nur noch Default-Werte besitzen. Der Compiler konvertiert dabei das ursprüngliche Objekt zu einer Rvalue Referenz: `static_cast<std::remove_reference<decltype(arg)>::type&&> (arg)`. Lässt sich die Move-Semantik auf das Argument nicht anwenden, nutzt der Compiler die Copy-Semantik:

```
#include <utility>
...
std::vector<int> myBigVec(10000000,2011);
std::vector<int> myVec;

myVec= myBigVec;                // Copy-Semanik
myVec= std::move(myBigVec);     // Move-Semantik
```

Verschieben ist billiger als kopieren

Die Move-Semantik besitzt zwei Vorteile. Zum einen ist billiges Verschieben dem teuren Kopieren von Objekten oft vorzuziehen. Denn dadurch lässt sich unnötiges Allokieren und Deallokieren von Speicher vermeiden. Zum anderen gibt es Objekte, die nicht kopiert werden können. Das gilt zum Beispiel für Threads oder auch für Locks

std::forward

Die Funktion `std::forward` erlaubt es, Funktions-Templates zu schreiben, die ihre Argumente identisch weiterreichen. `std::forward` ist in der Header-Datei `<utility>` definiert. Typische Anwendungsfälle von `std::forward` sind Fabrikfunktionen oder auch Konstruktoren. Fabrikfunktionen sind Funktionen, die neue Objekte erzeugen und dabei ihre Argumente identisch weiterreichen. Konstruktoren verwenden häufig ihre Argumente, um ihre Basisklasse mit dem identischen Argument zu initialisieren. Damit sind sie das ideale Werkzeug für den Bibliotheksautor für die generische Programmierung:

```
#include <utility>
...
using std::initializer_list;

struct MyData{
  MyData(int,double,char){};
};

template <typename T, typename ... Args>
T createT(Args&&...args){
  return T(std::forward<Args>(args)...);
}
...
int a= createT<int>();
int b= createT<int>(1);
std::string s= createT<std::string>("Only for testing.");
MyData myData2= createT<MyData>(1,3.19,'a');
typedef std::vector<int> IntVec;
IntVec intVec= createT<IntVec>(initializer_list<int>({1,2,3}));
```

---

std::forward mit Variadic Templates ermöglicht vollkommen generische Funktionen

Wird std::forward in Kombiniation mit Variadic Templates angewandt, lassen sich Funktions-Templates definieren, die beliebig viele Argumente annehmen und diese identisch weiterreichen können.

---

std::swap

Mit der Funktion `std::swap` lassen sich zwei Objekte vertauschen. Die generische Implementierung in der C++-Standardbibliothek greift dabei auf die Funktion `std::move` zurück:

```
#include <utility>
...
template <typename T>
inline void swap(T& a, T& b){
    T tmp(std::move(a));
    a = std::move(b);
    b = std::move(tmp);
}
```

Adaptoren für Funktionen

Die zwei Funktionen `std::bind` und `std::function` ergänzen sich auf ideale Weise. Während `std::bind` es auf einfache Art erlaubt, Funktionsobjekte zu erzeugen, nimmt `std::function` diese temporären Funktionsobjekte an und bindet sie an einen Namen. Beide Funktionen sind mächtige Features aus der funktionalen Programmierung und benötigen die Header-Datei `<functional>`.

```
#include <functional>
...
using namespace std::placeholders;    // für Platzhalter _1
                                      // und _2
using std::bind;
using std::function
...
double divMe(double a, double b){ return a/b; };
function < double(double,double) > myDiv1= bind(divMe,_1,_2);
function < double(double) > myDiv2= bind(divMe,2000,_1);

divMe(2000,10) == myDiv1(2000,10) == myDiv2(10);
```

---

std::function und std::bind sind oft überflüssig

std::function und std::bind werden mit dem neuen C++11-Standard selten benötigt. Zum einen bietet die automatische Typableitung mit `auto` die Funktionalität von `std::function` meist deutlich einfacher an, zum anderen lässt sich `std::bind` durch Lambda-Funktionen ersetzen.

std::bind

Mit `std::bind` lassen sich neue Funktionsobjekte auf verschiedenste Arten erzeugen, denn es erlaubt:

- die Argumente an beliebige Positionen zu binden,
- die Reihenfolge der Argumente umzustellen,
- Platzhalter für Argumente einzuführen,
- Funktionen nur teilweise zu evaluieren,
- das resultierende Funktionsobjekt direkt aufzurufen, in den Algorithmen der STL zu verwenden oder in `std::function` zu speichern.

std::function

`std::function` kann beliebige aufrufbare Einheiten annehmen und als Variable speichern. Aufrufbare Einheiten können dabei Lambda-Funktionen, Funktionsobjekte und auch Funktionen sein. `std::function` ist immer dann notwendig, wenn der Typ einer aufrufbaren Einheit explizit angegeben werden muss:

```
#include <functional>
...
using std::make_pair;  // siehe Seite 30
using std::map;

map<const char, std::function<double(double,double)>> table;
table.insert(make_pair('+',[](double a, double b){return a +
b;}));
table.insert(make_pair('-',[](double a, double b){return a -
b;}));
table.insert(make_pair('*',[](double a, double b){return a *
b;}));
table.insert(make_pair('/',[](double a, double b){return a /
b;}));

std::cout << table['+'](3.5,4.5);  // 8
std::cout << table['-'](3.5,4.5);  // -1
```

```
std::cout << table['*'](3.5,4.5);  // 15.75
std::cout << table['/'](3.5,4.5);  // 0.777778
```

Der Typ des Wrappers für aufrufbare Einheiten `std::function` wird durch seine Template-Parameter festgelegt.

Tabelle 3-2: Rückgabetyp und Typ der Argumente

Funktionstyp	**Rückgabetyp**	**Typ der Argumente**
`double(double,double)`	`double`	`double, double`
`int()`	`int`	
`double(int,double)`	`double`	`int, double`
`void()`		

Paare

Mit `std::pair` lassen sich Paare beliebiger Typen bilden. Das Klassen-Template benötigt die Header-Datei `<utility>`. `std::pair` besitzt einen Default-, einen Copy- und Move-Konstruktor. Paarobjekte können getauscht werden: `std::swap(pair1,pair2)`.

Paare werden sehr häufig in der C++-Bibliothek verwendet. So gibt die Funktion `std::minmax` ihr Ergebnis als Paar zurück, so verwalten die assoziativen Container `std::map`, `std::unordered_map`, `std::multimap` und `std::unordered_multimap` ihre Schlüssel/Wert Assoziationen in einem Paar.

Um auf die Elemente eines Paares `p` zuzugreifen, bietet `p` sowohl den direkten als auch den Indexzugriff an. So referenziert `p.first` bzw. `std::get<0>(p)` das erste, `p.second` bzw. `std::get<1>(p)` das zweite Element des Paares `p`.

Paare unterstützen die Vergleichsoperatoren `==`, `!=`, `<`, `>`, `<=`, `>=`. Dabei werden bei einem Vergleich der zwei Paare `pair1` und `pair2` auf Identität zuerst die Mitglieder `pair1.first` und `pair2.first` und dann gegebenenfalls die Mitglieder `pair1.second` und `pair2.second` auf Identität verglichen. Die gleiche Strategie, den Vergleich der Paare auf ihre Mitglieder anzuwenden, wird auch auf die verbleibenden Vergleichsoperatoren angewandt.

std::make_pair

Mit dem Funktions-Template std::make_pair besitzt C++ eine praktische Funktion für das Erzeugen von Paaren, ohne deren Typen explizit angeben zu müssen. Bei std::make_pair ermittelt der C++-Compiler die Typen automatisch.

```
#include <utility>
...
using namespace std;

pair<const char*, double> charDoub("str",3.14);
pair<const char*, double> charDoub2= make_pair("str",3.14);
auto charDoub3= make_pair("str",3.14);

cout << charDoub.first << ", " << charDoub.second; // str, 3.14
charDoub.first="Str";
get<1>(charDoub)=4.14;
cout << charDoub.first << ", " << charDoub.second; // str, 4.14
```

Tupel

Mit std::tuple lassen sich Tupel beliebiger Typen und Länge erzeugen. Das Klassen-Template benötigt die Header-Datei tuple. std::tuple ist eine Verallgemeinerung des std::pair, sodass zwischen zwei-elementigen Tupeln und Paaren beliebig konvertiert werden kann. Das Tupel besitzt wie sein kleiner Bruder std::pair einen Default-, einen Copy- und einen Move-Konstruktor. Objekte vom Typ Tupel können mit der Funktion std::swap getauscht werden.

Das i-te Element eines Tupels t kann mit dem Funktions-Template std::get referenziert werden: std::get<i>(p). Durch std::get<type>(p) lässt sich auch explizit auf den Wert vom Typ type zugreifen.

Tupel unterstützen die Vergleichsoperatoren ==, !=, <, >, <=, >=. Werden zwei Tupel verglichen, werden die Elemente der Tupel lexikografisch verglichen. Der Vergleich beginnt beim Element des Tupels mit dem Index 0.

std::make_tuple

Mit dem Funktions-Template std::make_tuple besitzt C++ eine praktische Funktion für das Erzeugen von Tupeln, ohne deren

Typen explizit angeben zu müssen. Bei `std::make_tuple` ermittelt der C++-Compiler die Typen automatisch.

```
#include <tuple>
...
using std::get;

std::tuple<std::string,int,float> tup1("first",3,4.17);
auto tup2= std::make_tuple("second",4,1.1);

std::cout << get<0>(tup1) << ", " << get<1>(tup1) << ", "
          << get<2>(tup1) << std::endl;  // first, 3, 4.17
std::cout << get<0>(tup2) << ", " << get<1>(tup2) << ", "
          << get<2>(tup2) << std::endl;  // second, 4, 1.1
std::cout << (tup1 < tup2) << std::endl;  // true

get<0>(tup2)= "Second";

std::cout << get<0>(tup2) << "," << get<1>(tup2) << ","
          << get<2>(tup2) << std::endl;   // Second, 4, 1.1
std::cout << (tup1 < tup2) << std::endl;  // false

auto pair= std::make_pair(1,true);
std::tuple<int,bool> tup= pair;
```

std::tie und std::ignore

`std::tie` erlaubt es, Tupel zu erzeugen, deren Elemente per Referenz an Variablen gebunden sind. Bei diesem Binden können durch `std::ignore` Elemente des Tupels explizit ausgeschlossen werden.

```
#include <tuple>
...
using namespace std;

int first= 1;
int second= 2;
int third= 3;
int fourth= 4;

cout << first << " " << second << " "
     << third << " " << fourth << endl;   // 1 2 3 4

auto tup= tie(first,second,third,fourth)    // binde das Tupel
        = std::make_tuple(101,102,103,104); // erzeuge es und
                                            // weise es zu
```

```
cout << get<0>(tup) << " " << get<1>(tup) << " " << get<2>(tup)
     << " " << get<3>(tup) << endl;  // 101 102 103 104
cout << first << " " << second << " " << third << " "
     << fourth << endl;  // 101 102 103 104

first= 201;
get<1>(tup)= 202;

cout << get<0>(tup) << " " << get<1>(tup) << " " << get<2>(tup)
     << " " << get<3>(tup) << endl;   // 201 202 103 104
cout << first << " " << second << " " << third << " "
     << fourth << endl;  // 201 202 103 104

int a, b;
tie(std::ignore,a,std::ignore,b)= tup;
cout << a << " "  << b << endl;  // 202 104
```

Referenz-Wrapper

Ein Referenz-Wrapper ist ein kopierkonstruierbarer und zuweisbarer Wrapper um ein Objekt vom Typ&, das in der Header-Datei <functional> definiert ist. Damit entsteht ein Objekt, das sich wie eine Referenz verhält, aber kopiert werden kann. Im Gegensatz zur klassischen Referenz bieten std::reference_wrapper-Objekte zwei zusätzliche Anwendungsfälle an.

- Sie können im Container der Standard Template Library verwendet werden.

  ```
  vector< reference_wrapper<int> > myIntRefVector;
  ```

- Instanzen von Klassen, die std::reference_wrapper-Objekte enthalten, lassen sich im Gegensatz zu Objekten mit Referenzen kopieren.

Auf die interne Referenz eines std::reference_wrapper<int> myInt(1) kann mit der get-Methode zugegriffen werden: myInt.get(). Ein Referenz-Wrapper kann auch dazu benutzt werden, eine aufrufbare Einheit in ihr zu kapseln und auszuführen.

```
#include <functional>
...
void foo(){ std::cout << "Invoked" << std::endl; }
typedef void callableUnit();
```

```
std::reference_wrapper<callableUnit> refWrap(foo);
refWrap(); // Invoked
```

std::ref und std::cref

Mit den Hilfsfunktionen `std::ref` und `std::cref` lassen sich einfach Referenz-Wrapper auf einer Variable erzeugen. Dabei erzeugt `std::ref` einen nicht konstanten, `std::cref` einen konstanten Referenz-Wrapper:

```
#include <functional>
...
void invokeMe(const std::string& s){
  std::cout << s << ": const " << std::endl;
}

template <typename T>
void doubleMe(T t){ t *=2; }

std::string s{"string"};
invokeMe(std::cref(s));  // string

int i=1;
std::cout << i << std::endl;  // 1

doubleMe(i);
std::cout << i << std::endl;  // 1

doubleMe(std::ref(i));
std::cout << i << std::endl;  // 2
```

So lässt sich die Funktion `invokeMe`, die eine Referenz auf einen konstanten String erwartet, mit einem nicht konstanten String `s` aufrufen, der in der Hilfsfunktion `std::cref(s)` verpackt ist. Wird die Variable `i` in der Hilfsfunktion `std::ref(i)` gekapselt, erhält das Funktions-Template `doubleMe` eine Referenz, und der Wert der Variablen `i` wird verdoppelt.

Smart Pointer

Smart Pointer gehören zu den wichtigsten Neuerungen im modernen C++, erlauben sie es doch, explizites Speichermanagement in C++ umzusetzen. Neben dem *deprecated* `std::auto_ptr` bietet C++

drei verschiedene Smart Pointer an, die alle in der Header-Datei `<memory>` definiert sind.

Das ist zum einen der `std::unique_ptr`, der den Lebenszyklus genau einer Ressource automatisch verwaltet, und das ist zum anderen der `std::shared_ptr`, der sich eine Ressource mit anderen `std::shared_ptr` teilt und deren Lebenszyklus automatisch verwaltet. `std::weak_ptr`, der dritte im Bunde, ist genau genommen kein richtiger Smart Pointer. Seine Aufgabe ist es, zyklische Referenzen von `std::shared_ptr` zu brechen, sodass dessen Ressource gegebenenfalls freigegeben werden kann.

Die Smart Pointer verwalten ihre Ressource nach dem RAII-Idiom. Das bedeutet insbesondere, dass sie ihre Ressource genau dann automatisch freigeben, wenn diese ihre Gültigkeit verliert.

HINWEIS

Resource Acquisition Is Initialization, kurz RAII, bezeichnet eine beliebte Programmiertechnik in C++, bei der die Ressourcenbelegung und -freigabe an den Lebenszyklus einer Objekts gebunden wird. Das bedeutet im Fall der Smart Pointer, dass der dynamische Speicher durch den Konstruktor des Objekts allokiert und durch den Destruktor wieder freigegeben wird. Diese Technik ist in C++ möglich, da ein Destruktor eines Objekts genau dann aufgerufen wird, wenn er seine Gültigkeit verliert.

In Tabelle 3-3 sind alle Smart Pointer im Überblick dargestellt.

Tabelle 3-3: Überblick Smart Pointer

Name	Standard	Beschreibung
`std::auto_ptr` (*deprecated*)	C++98	Besitzt die Ressource exklusiv. Verschiebt beim Kopieren die Ressource.
`std::unique_ptr`	C++11	Besitzt die Ressource exklusiv. Kann nicht kopiert werden.
`std::shared_ptr`	C++11	Bietet einen Referenzzähler auf eine gemeinsame Ressource an. Verwaltet automatisch den Referenzzähler. Löscht die Ressource, sobald der Referenzzähler 0 ist.

Tabelle 3-3: Überblick Smart Pointer (Fortsetzung)

Name	Standard	Beschreibung
`std::weak_ptr`	C++11	Hilft, zyklische Referenzen von `std::shared_ptr` aufzubrechen. Modifiziert nicht den Referenzzähler.

std::unique_ptr

`std::unique_ptr` verwaltet exklusiv seine Ressource und gibt sie automatisch frei, wenn er seine Gültigkeit verliert. Wird keine Copy-Semantik vorausgesetzt, kann er in Containern und Algorithmen der Standard Template Library verwendet werden. `std::unique_ptr` zeichnet sich durch minimalen Verwaltungsaufwand aus, sodass dieser mit der Performance eines Raw Pointer vergleichbar ist.

WARNUNG

Zwar enthielt der alte C++03-Standard bereits den Smart Pointer `std::auto_ptr`, der explizit den Lebenszyklus einer Ressource überwachte, doch besaß er ein großes konzeptionelles Problem. Wurde ein `std::auto_ptr` explizit oder impliziert kopiert, verschob er seine Ressource. Statt Copy-wendete er heimlich Move-Semantik an, und das führte häufig zu undefiniertem Verhalten des Programms. Daher ist der `std::auto_ptr` *deprecated* in modernem C++, und an seiner Stelle sollte sein Nachfolger `std::unique_ptr` verwendet werden. Dieser lässt sich weder implizit noch explizit kopieren, sondern kann nur verschoben werden:

```
#include <memory>
...
std::auto_ptr<int> ap1(new int(2011));
std::auto_ptr<int> ap2= ap1; // OK

std::unique_ptr<int> up1(new int(2011));
std::unique_ptr<int> up2= up1; // ERROR

std::unique_ptr<int> up3= std::move(up1); // OK
```

Spezielle Löschfunktionen

std::unique_ptr können über spezielle Löschfunktionen parametrisiert werden: std::unique_ptr<int,MyIntDeleter> up(new int(2011), myIntDeleter()). Per Default verwendet std::unique_ptr die Löschfunktion der Ressource.

In Tabelle 3-4 finden Sie eine Übersicht der Methoden des std::unique_ptr.

Tabelle 3-4: Methoden des std::unique_ptr

Methode	Beschreibung
get	Gibt einen Zeiger auf die Ressource zurück.
get_deleter	Gibt die Löschfunktion zurück.
release	Gibt einen Zeiger auf die Ressource zurück und gibt diese frei.
reset	Ersetzt die Ressource.
swap	Tauscht die Ressouce aus.

std::make_unique

Die Hilfsfunktion std::make_unique wurde im C++11-Standard – im Gegensatz zu ihrem Pendant std::make_shared für Shared Pointer – übersehen, sodass sie erst ab dem C++14-Standard zur Verfügung steht. std::make_unique erlaubt es, einen std::unique_ptr in einem Schritt zu erzeugen: std::unique_ptr<int> up= std::make_unique<int>(2014).

Im folgenden Codeabschnitt sind die Methoden des std::unique_ptr in der Anwendung zu sehen:

```
#include <utility>
...
using namepace std;

struct MyInt{
  MyInt(int i):i_(i){}
  ~MyInt(){
    cout << "Good bye from " << i_ << endl;
  }
  int i_;
};
```

```
unique_ptr<MyInt> uniquePtr1{ new MyInt(1998) };
cout << uniquePtr1.get() << endl;  // 0x15b5010

unique_ptr<MyInt> uniquePtr2{ move(uniquePtr1) };

cout << uniquePtr1.get() << endl;  // 0
cout << uniquePtr2.get() << endl;  // 0x15b5010

{
  unique_ptr<MyInt> localPtr{ new MyInt(2003) };
} // Good bye from 2003

uniquePtr2.reset(new MyInt(2011));  // Good bye from 1998

MyInt* myInt= uniquePtr2.release();
delete myInt;                       // Good by from 2011

unique_ptr<MyInt> uniquePtr3{ new MyInt(2017) };
unique_ptr<MyInt> uniquePtr4{ new MyInt(2022) };
cout << uniquePtr3.get() << endl;  // 0x15b5030
cout << uniquePtr4.get() << endl;  // 0x15b5010

swap(uniquePtr3, uniquePtr4);

cout << uniquePtr3.get() << endl;  // 0x15b5010
cout << uniquePtr4.get() << endl;  // 0x15b5030
```

unique_ptr besitzt eine Spezialialisierung für Arrays:

```
#include <memory>
...
class MyStruct{
public:
  MyStruct():val(count){
    cout << (void*)this << " Hello: " << val <<  endl;
    MyStruct::count++;
  }
  ~MyStruct(){
    cout << (void*)this << " Good Bye: " << val << endl;
    MyStruct::count--;
  }
private:
  int val;
  static int count;
};
int MyStruct::count= 0;
...
```

```
{       // erzeuge ein myUniqueArray mit drei MyStructs
  unique_ptr<MyStruct[]> myUniqueArray{new MyStruct[3]};
}
// 0x1200018 Hello: 0
// 0x120001c Hello: 1
// 0x1200020 Hello: 2
// 0x1200020 GoodBye: 2
// 0x120001c GoodBye: 1
// 0x1200018 GoodBye: 0
```

std::shared_ptr

`std::shared_ptr` teilen sich ihre Ressource. Dazu besitzen sie zwei Verweise – einen auf ihre Ressource und einen auf ihren Referenzzähler. Durch das Kopieren eines `std::shared_ptr` wird der Referenzzähler inkrementiert. Dekrementiert wird er, falls er seine Gültigkeit verliert. Erreicht der Referenzzähler den Wert 0 und gibt es somit keinen `std::shared_ptr` mehr, der die Ressource referenziert, gibt die C++-Laufzeit die Ressource automatisch frei. Dieses Freigeben der Ressource findet genau in dem Augenblick statt, in dem der letzte `std::shared_ptr` seine Gültigkeit verliert. Dabei sichert die C++-Laufzeit zu, dass der Aufruf des Referenzzählers eine atomare Operation ist und der Destruktor der Ressource nur einmal aufgerufen wird. Durch diesen Verwaltungsaufwand benötigt der `std::shared_ptr` mehr Zeit und Speicher als ein Raw-Pointer oder `std::unique_ptr`.

Tabelle 3-5 stellt die Methoden von `std::shared_ptr` vor.

Tabelle 3-5: Methoden des std::shared_ptr

Methode	Beschreibung
`get`	Gibt einen Zeiger auf die Ressource zurück.
`get_deleter`	Gibt die Löschfunktion zurück.
`reset`	Ersetzt die Ressource.
`swap`	Tauscht die Ressourcen aus.
`unique`	Prüft, ob der `std::shared_ptr` der alleinige Besitzer der Ressource ist.
`use_count`	Gibt den Wert des Referenzzählers zurück.

std::make_shared

Die Hilfsfunktion std::make_shared erzeugt die Ressource und gibt sie in einem std::shared_ptr zurück. Dabei ist std::make_shared deutlich performanter als das direkte Erzeugen eines std::shared_ptr.

Der folgenden Codeabschnitt zeigt typische Anwendungsfälle des std::shared_ptr:

```
#include <memory>
...
class MyInt{
public:
  MyInt(int v):val(v){
   std::cout << "Hello: " << val << std::endl;
  }
  ~MyInt(){
   std::cout << "Good Bye: " << val << std::endl;
  }
private:
  int val;
};

auto sharPtr= std::make_shared<MyInt>(1998);  // Hello: 1998
std::cout << sharPtr.use_count() << std::endl;    // 1
{
  std::shared_ptr<MyInt> locSharPtr(sharPtr);
  std::cout << locSharPtr.use_count() << std::endl;  // 2
}
std::cout <<  sharPtr.use_count() << std::endl;  // 1

std::shared_ptr<MyInt> globSharPtr= sharPtr;
std::cout <<  sharPtr.use_count() << std::endl;  // 2

globSharPtr.reset();
std::cout <<  sharPtr.use_count() << std::endl;  // 1

sharPtr= std::shared_ptr<MyInt>(new MyInt(2011)); // Hello:2011
                                                  // Good Bye: 1998

...
                                                  // Good Bye: 2011
```

std::shared_ptr lässt sich sowie std::unique_ptr über eine Löschfunktion parametrisieren. In diesem Fall wird zum Löschen der

Ressource die eigene Löschfunktion d angewandt. d muss eine aufrufbare Einheit sein.

```
#include <memory>
...
using std::shared_ptr;

struct MyInt{
  MyInt(int v):val(v){
    std::cout << "  Hello: " << val << std::endl;
  }
  ~MyInt(){
    std::cout << "  Good Bye: " << val << std::endl;
  }
    int val;
};

template <typename T>
struct Del{
  void operator()(T *ptr){
    ++Del::count;
    delete ptr;
  }
  static int count;
};
template <typename T>
int Del<T>::count=0;

typedef Del<int> IntDel;
typedef Del<double> DoubleDel;
typedef Del<MyInt> MyIntDel;

{
  shared_ptr<int> shP1(new int(1998),IntDel());
  shared_ptr<int> shP2(new int(2011),IntDel());
  shared_ptr<double> shP3(new double(3.17),DoubleDel());
  shared_ptr<MyInt> shP4(new MyInt(2017),MyIntDel()); // Hello:
                                                      // 2017
}                                                  // Good Bye: 2017
std::cout << IntDel().count << std::endl;          // 2
std::cout << DoubleDel().count << std::endl;       // 1
std::cout << MyIntDel().count << std::endl;        // 1
```

In dem Codebeispiel ist die aufrufbare Einheit ein Funktionsobjekt. Daher lässt sich schön mitprotokollieren, wie viele Instanzen eines

Objekts angelegt wurden. Das Ergebnis gibt die statische Instanzvariable count.

std::shared_ptr von this

Mit der Klasse std::enable_shared_from_this lassen sich Objekte erzeugen, die std::shared_ptr auf sich selbst zurückgeben. Dazu muss die Klasse der zu teilenden Objekte öffentlich von std::enable_shared_from_this abgeleitet werden. In dieser Klasse steht dann die Methode shared_from_this zur Verfügung, mit der sich die std::shared_ptr auf this erzeugen lassen:

```
#include <memory>
...
class ShareMe: public std::enable_shared_from_this<ShareMe>{
  std::shared_ptr<ShareMe> getShared(){
    return shared_from_this();
  }
};

std::shared_ptr<ShareMe> shareMe(new ShareMe);
std::shared_ptr<ShareMe> shareMe1= shareMe->getShared();

std::cout << (void*)shareMe.get() << std::endl;   // 0x152d010
std::cout << (void*)shareMe1.get() << std::endl;  // 0x152d010
std::cout << shareMe.use_count() << std::endl;   // 2
```

In dem Codebeispiel ist schön zu sehen, dass die get-Methode das gleiche Objekt referenziert.

std::weak_ptr

std::weak_ptr ist genau genommen keine Smart Pointer, erlaubt er doch keinen transparenten Zugriff auf seine Ressource, sondern leiht sie sich nur von einem std::shared_ptr aus. Dabei verändert er den Referenzzähler nicht:

```
#include <memory>
...
auto sharedPtr=std::make_shared<int>(2011);
std::weak_ptr<int> weakPtr(sharedPtr);

std::cout << weakPtr.use_count() << std::endl;      // 1
std::cout << sharedPtr.use_count() << std::endl;    // 1
```

```
std::cout << weakPtr.expired() << std::endl;        // false

if( std::shared_ptr<int> sharedPtr1 = weakPtr.lock() ) {
  std::cout << *sharedPtr << std::endl;  // 2011
}
else{
  std::cout << "Don't get it!" << std::endl;
}

weakPtr.reset();
if( std::shared_ptr<int> sharedPtr1 = weakPtr.lock() ) {
  std::cout << *sharedPtr << std::endl;
}
else{
  std::cout << "Don't get it!" << std::endl;  // Don't get it!
}
```

Tabelle 3-6 stellt die Methoden des `std::weak_ptr` in der Übersicht dar:

Tabelle 3-6: Methoden des std::weak_ptr

Methode	Beschreibung
`expired`	Prüft, ob die Ressource bereits gelöscht ist.
`lock`	Erzeugt einen `std::shared_ptr` auf die Ressource.
`reset`	Gibt die Ressource frei.
`swap`	Tauscht die Ressourcen aus.
`use_count`	Gibt den Wert des Referenzzählers zurück.

Der `std::weak_ptr` besitzt eine Existenzberechtigung. Er hilft, zyklische Referenzen von `std::shared_ptr` zu brechen.

Zyklische Referenzen

Zyklische Referenzen mit `std::shared_ptr` entstehen dann, wenn diese wechselseitig aufeinander verweisen. So erreicht der Referenzzähler nie den Wert 0, und die Ressource lässt sich nicht automatisch löschen. Dieser Zyklus lässt sich brechen, indem ein `std::weak_ptr` in den Zyklus aufgenommen wird, denn dieser erhöht nicht den Referenzzähler.

Das Ergebnis des Codebeispiels ist es, dass die Tochter automatisch freigegeben wird, der Sohn hingegen nicht. Die Mutter steht mit ihrem Sohn über einen std::shared_ptr in Beziehung, mit ihrer Tochter aber mit einem std::weak_ptr:

```
#include <memory>
...
using namespace std;

struct Son, Daughter;

struct Mother{
  ~Mother(){cout << "Mother gone" << endl;}
  void setSon(const shared_ptr<Son> s ){ mySon=s; }
  void setDaughter(const shared_ptr<Daughter> d){myDaughter=d;}
  shared_ptr<const Son> mySon;
  weak_ptr<const Daughter> myDaughter;
};
struct Son{
  Son(shared_ptr<Mother> m):myMother(m){}
  ~Son(){cout << "Son gone" << endl;}
  shared_ptr<const Mother> myMother;
};
struct Daughter{
  Daughter(shared_ptr<Mother> m):myMother(m){}
  ~Daughter(){cout << "Daughter gone" << endl;}
  shared_ptr<const Mother> myMother;
};

{
  shared_ptr<Mother> moth= shared_ptr<Mother>(new Mother);
  shared_ptr<Son> son= shared_ptr<Son>(new Son(moth) );
  shared_ptr<Daughter> daugh=
              shared_ptr<Daughter>(new Daughter(mother));
  mother->setSon(son);
  mother->setDaughter(daugh);
 }      // Daughter gone
```

Type-Traits

Mit der Type-Traits-Bibliothek sind das Abfragen von Typeigenschaften, der Vergleich und sogar die Modifikation von Typen zur Übersetzungszeit möglich. Damit besitzt ihre Anwendung keinen Einfluss auf die Laufzeit des Programms. Die Type-Traits-Bibliothek besitzt zwei wichtige Einsatzgebiete: Optimierung und Korrektheit. Optimierung, da durch die Introspektion des Codes die schnellere Implementierung gewählt werden kann. Korrektheit, da Bedingungen an den Code gestellt werden können, die zur Compilezeit erfüllt sein müssen.

Die Type-Traits-Bibliothek und static_assert sind ein sehr mächtiges Paar

Die Type-Traits-Bibliothek und die Funktion `static_assert` sind ein sehr mächtiges Paar. Während die Type-Traits-Bibliothek die Typinformationen zur Compilezeit liefert, kann die Funktion `static_assert` diese zur Compilezeit evaluieren. Das geschieht vollkommen transparent für die Laufzeit des Programms:

```
#include <type_traits>
...
template <typename T>T fac(T a){
  static_assert(std::is_integral<T>::value,
                    "T not integral");
  ...
}

fac(10);
fac(10.1); // with T= double; T not integral
```

So quittiert der Compiler den Funktionsaufruf `fac(10.1)` auf dem aktuellen GCC damit, dass `T` vom Typ `double` ist und somit kein integraler Typ.

Typeigenschaften abfragen

Die Type-Traits-Bibliothek kennt primäre und zusammengesetzte Typkategorien, die sich über das Attribut `value` abfragen lassen.

Primäre Typkategorien

C++ kennt 14 verschiedene primäre Typkategorien. Diese sind vollständig und schließen sich aus. Jeder Datentyp kann nur in einer Typkategorie sein. Das Ergebnis der Abfrage mit einem Prädikat ist unabhängig davon, ob der Datentyp als `const` oder als `volatile` deklariert ist:

```
template <class T> struct is_void;
template <class T> struct is_integral;
template <class T> struct is_floating_point;
template <class T> struct is_array;
template <class T> struct is_pointer;
template <class T> struct is_reference;
template <class T> struct is_member_object_pointer;
template <class T> struct is_member_function_pointer;
template <class T> struct is_enum;
template <class T> struct is_union;
template <class T> struct is_class;
template <class T> struct is_function;
template <class T> struct is_lvalue_reference;
template <class T> struct is_rvalue_reference;
```

Das folgende Listing zeigt die primären Kategorien in der Anwendung.

```
#include <type_traits>
using std::cout;

cout << std::is_void<void>::value; // true
cout << std::is_integral<short>::value;  // true
cout << std::is_floating_point<double>::value;  // true
cout << std::is_array<int [] >::value;  // true
cout << std::is_pointer<int*>::value;  // true
cout << std::is_reference<int&>::value;  // true

struct A{
  int a;
  int f(int){return 2011;}
};
cout << std::is_member_object_pointer<int A::*>::value; // true
cout << std::is_member_function_pointer<int (A::*)(int)>::value;
// true

enum E{
  e= 1,
};
cout << std::is_enum<E>::value;  // true

union U{
  int u;
};
cout << std::is_union<U>::value;  // true
cout << std::is_class<std::string>::value; // true
cout << std::is_function<int * (double)>::value; // true
```

```
cout << std::is_lvalue_reference<int&>::value;    // true
cout << std::is_rvalue_reference<int&&>::value;   // true
```

Zusammengesetzte Typkategorien

Ausgehend von den 14 primären Typkategorien bietet C++ 6 zusammengesetzte Typkategorien an, die in Tabelle 3-7 zusammengefasst sind.

Tabelle 3-7: Zusammengesetzte Typkategorien

Zusammengesetzte Typkategorie	Primäre Typkategorie
`is_arithmetic`	`is_floating_point` oder `is_integral`
`is_fundamental`	`is_arithmetic` oder `is_void`
`is_object`	`is_reference` oder `is_function` oder `is_void`
`is_scalar`	`is_arithmetic` oder `is_enum` oder `is_pointer` oder `is_member_pointer`
`is_reference`	`is_lvalue_reference` oder `is_rvalue_reference`
`is_compound`	Komplement von `is_fundamental`
`is_member_pointer`	`is_member_object_pointer` oder `is_member_function_poiner`

`std::is_compound` ist das Komplement zu `std::is_fundamental`.

Typeigenschaften

Neben den primären und sekundären Typkategorien bieten Typeigenschaften den Zugang zu den wichtigen Typinformationen. Das Listing stellt die vielen Prädikate zu den Typeigenschaften vor:

```
template <class T> struct is_const;
template <class T> struct is_volatile;
template <class T> struct is_trivial;
template <class T> struct is_trivially_copyable;
template <class T> struct is_standard_layout;
template <class T> struct is_pod;
template <class T> struct is_literal_type;
template <class T> struct is_empty;
template <class T> struct is_polymorphic;
template <class T> struct is_abstract;
```

```
template <class T> struct is_signed;
template <class T> struct is_unsigned;

template <class T, class... Args> struct is_constructible;
template <class T> struct is_default_constructible;
template <class T> struct is_copy_constructible;
template <class T> struct is_move_constructible;

template <class T, class U> struct is_assignable;
template <class T> struct is_copy_assignable;
template <class T> struct is_move_assignable;

template <class T> struct is_destructible;

template <class T, class... Args>
struct is_trivially_constructible;
template <class T> struct is_trivially_default_constructible;
template <class T> struct is_trivially_copy_constructible;
template <class T> struct is_trivially_move_constructible;

template <class T, class U> struct is_trivially_assignable;
template <class T> struct is_trivially_copy_assignable;
template <class T> struct is_trivially_move_assignable;
template <class T> struct is_trivially_destructible;

template <class T, class... Args>
struct is_nothrow_constructible;
template <class T> struct is_nothrow_default_constructible;
template <class T> struct is_nothrow_copy_constructible;
template <class T> struct is_nothrow_move_constructible;

template <class T, class U> struct is_nothrow_assignable;
template <class T> struct is_nothrow_copy_assignable;
template <class T> struct is_nothrow_move_assignable;

template <class T> struct is_nothrow_destructible;
template <class T> struct has_virtual_destructor;
```

Typen vergleichen

C++ kennt drei verschiedene Typvergleiche, die in Tabelle 3-8 dargestellt sind.

Tabelle 3-8: Typvergleiche

Funktion	Beschreibung
`template <class B, class Derived>` `struct is_base_of`	Prüft, ob `Derived` von `Base` abgeleitet ist.
`template <class From, class To>` `struct is_convertible`	Prüft, ob `From` nach `To` konvertiert werden kann.
`template <classT, class U>` `struct is_same`	Prüft, ob die Typen `T` und `U` gleich sind.

Typen modifizieren

Die Type-Traits-Bibliothek erlaubt es, einen Typ zur Übersetzungszeit zu transformieren. So lässt sich die `const`-Eigenschaft eines Typs modifizieren:

```
#include <type_traits>
...
using namespace std;

cout << is_const<int>::value;  // false
cout << is_const<const int>::value;  // false
cout << is_const<add_const<int>::type>::value; // true

typedef add_const<int>::type myConstInt;
cout << is_const<myConstInt>::value; //true
typedef const int myConstInt2;
cout << is_same<myConstInt,myConstInt2>::value;  // true

cout << is_same<int,
    remove_const<add_const<int>::type>::type>::value;  // true

cout << is_same<const int,
    add_const<add_const<int>::type>::type>::value;  // true
```

Die Funktion `std::add_const` fügt die `const`-Eigenschaft zu einem Typ hinzu, während sie `std::remove_const` entfernt.

Die Type-Traits-Bibliothek besitzt noch deutlich mehr Funktionen. So lassen sich die `const-volatile`-Eigenschaften eines Typs modifizieren.

```
template <class T> struct remove_const;
template <class T> struct remove_volatile;
```

```
template <class T> struct remove_cv;
template <class T> struct add_const;
template <class T> struct add_volatile;
template <class T> struct add_cv;
```

Natürlich können auch die Vorzeichen

```
template <class T> struct make_signed;
template <class T> struct make_unsigned;
```

oder die Referenz- oder Zeigereigenschaften eines Typs zur Übersetzungszeit angepasst werden.

```
template <class T> struct remove_reference;
template <class T> struct add_lvalue_reference;
template <class T> struct add_rvalue_reference;

template <class T> struct remove_pointer;
template <class T> struct add_pointer;
```

Besonders wichtig für das Schreiben generischer Bibliotheken sind die drei Funktions-Templates.

```
template <class B> struct enable_if;
template <class B, class T, class F> struct conditional;
template <class . . . T> common_type;
```

Zeitbibliothek

Die Zeitbibliothek ist ein elementarer Baustein für die Multithreading-Fähigkeiten von C++. So können Sie durch `std::this_thread::sleep_for(std::chrono::milliseconds(15))` den aktuellen Thread 15 Millisekunden lang schlafen legen oder auch einen Lock versuchsweise für 2 Minuten anfordern: `lock.try_lock_until(now + std::chrono::minutes(2))`. Einfache Performancemessungen sind mit der Zeitbibliothek schnell umgesetzt:

```
#include <chrono>
...
std::vector<int> myBigVec(10000000,2011);
std::vector<int> myEmptyVec1;

auto begin= std::chrono::high_resolution_clock::now();
myEmptyVec1= myBigVec;
auto end= std::chrono::high_resolution_clock::now() - begin;
```

```
auto timeInSeconds= std::chrono::duration<double>(end).count();
std::cout << timeInSeconds << std::endl;  // 0.0150688800
```

Die Zeitbibliothek besteht aus den Komponenten Zeitpunkt, Zeitdauer und Zeitgeber.

Zeitpunkt
: Der Zeitpunkt wird durch einen Startpunkt, die sogenannte Epoche und die darauf bezogenen Zeitdauer festgelegt.

Zeitdauer
: Die Zeitdauer ist die Differenz zwischen zwei Zeitpunkten. Sie wird in der Anzahl von Zeittakten angegeben.

Zeitgeber
: Ein Zeitgeber besteht aus einem Startpunkt und einem Zeittakt, sodass der aktuelle Zeitpunkt bestimmt werden kann.

Zeitpunkte lassen sich miteinander vergleichen, die Addition eines Zeitpunkts mit einer Zeitdauer ergibt einen neuen Zeitpunkt.

Zeitpunkt

Ein Zeitpunkt wird durch einen Startpunkt, die sogenannte Epoche und die darauf bezogene Zeitdauer festgelegt. Dabei enthält ein Zeitpunkt einen Zeitgeber und eine Zeitdauer. Diese kann negativ und positiv sein.

```
template <class Clock,class Duration= typename Clock::duration>
class time_point;
```

Der Beginn der Zeitrechnung ist für die Zeitgeber `std::chrono::steady_clock` und `std::chrono::high_resolution_clock` der Bootzeitpunkt des Rechners, für den Zeitgeber `std::chrono::system_clock` der 1.1.1970. Damit lässt sich die Zeit seit dem 1.1.1970 in Nanosekunden, Sekunden und Minuten ermitteln.

```
#include <chrono>
...
auto timeNow= std::chrono::system_clock::now();
auto duration= timeNow.time_since_epoch();
std::cout << duration.count();  // 1413019260846652

typedef std::chrono::duration<double> MySecondTick;
MySecondTick mySecond(duration);
std::cout << mySecond.count() << "s"; // 1413019260.846652s
```

```
const int minute= 60;
typedef std::chrono::duration<double,<minute>> MyMinuteTick;
MyMinuteTick myMinute(duration);
std::cout << myMinute.count() << "m"; // 23550324.920572m
```

Zeitdauer

Eine Zeitdauer ist die Differenz zwischen zwei Zeitpunkten. Sie wird in der Anzahl der Zeittakte angegeben.

```
template <class Rep, class Period = ratio<1>> class duration;
```

Ist `Rep` eine Fließkommazahl, unterstützt die Zeitdauer Bruchteile des Zeittakts. Per Default ist der Zeittakt 1 Sekunde. Die wichtigsten Zeitdauern sind bereits in der Bibliothek definiert:

```
typedef duration<signed int, nano> nanoseconds;
typedef duration<signed int, micro> microseconds;
typedef duration<signed int, milli> milliseconds;
typedef duration<signed int> seconds;
typedef duration<signed int, ratio< 60>> minutes;
typedef duration<signed int, ratio<3600>> hours;
```

Wie lang kann eine Zeitdauer sein? Der Standard sichert zu, dass sie mindestens +/– 292 Jahre umfassen muss. Eine eigene Zeitdauer *Schulstunde* ist mit `typedef std::chrono::duration<double, std::ratio<2700>> MyLessonTick` schnell definiert. Zeitdauern in natürlichen Zahlen müssen explizit in Zeitdauern in Fließkommazahlen mit `std::chrono::duration_cast` konvertiert werden. Dabei wird der Wert abgeschnitten:

```
#include <chrono>
#include <ratio>

using std::chrono;

typedef duration<long long, std::ratio<1>> MySecondTick;

MySecondTick aSecond(1);

milliseconds milli(aSecond);
std::cout << milli.count() << " milli"; // 1000 milli
seconds seconds(aSecond);
std::cout << seconds.count() << " sec"; // 1 sec
minutes minutes(duration_cast<minutes>(aSecond));
```

```
std::cout << minutes.count() << " min";  // 0 min
typedef duration<double, std::ratio<2700>> MyLessonTick;
MyLessonTick myLesson(aSecond);
std::cout << myLesson.count() << " less";  // 0.00037037 less
```

HINWEIS

`std::ratio` bietet Arithmetik zur Übersetzungszeit mit rationalen Zahlen an. Dabei wird eine rationale Zahl durch zwei Template-Argumente definiert. Diese stehen für den Zähler und den Nenner des Bruchs. Der Standard hat einige Brüche vordefiniert:

```
typedef ratio<1, 1000000000000000000> atto;
typedef ratio<1, 1000000000000000> femto;
typedef ratio<1, 1000000000000> pico;
typedef ratio<1, 1000000000> nano;
typedef ratio<1, 1000000> micro;
typedef ratio<1, 1000> milli;
typedef ratio<1, 100> centi;
typedef ratio<1, 10> deci;
typedef ratio< 10, 1> deca;
typedef ratio< 100, 1> hecto;
typedef ratio< 1000, 1> kilo;
typedef ratio< 1000000, 1> mega;
typedef ratio< 1000000000, 1> giga;
typedef ratio< 1000000000000, 1> tera;
typedef ratio< 1000000000000000, 1> peta;
typedef ratio< 1000000000000000000, 1> exa;
```

Für die bekanntesten Zeitdauern Stunde, Minute, Sekunde, Milli-, Mikro- und Nanosekunde besitzt C++14 Built-in-Literale.

Zeitgeber

Der Zeitgeber besteht aus einem Startpunkt und einem Zeittakt, sodass der aktuelle Zeitpunkt mit der Methode `now` bestimmt werden kann. C++ kennt drei verschiedene Zeitgeber:

std::chrono::system_clock
: Systemzeit, die mit der externen Uhr synchronisiert werden kann.

std::chrono::steady_clock
: Uhrzeit, die nicht explizit verändert werden kann.

std::chrono::high_resolution_clock
: Systemzeit mit der höchsten Auflösung.

`std::chrono::system_clock` bezieht sich auf den 1.1.1970, während die beiden anderen Zeitgeber sich auf den Bootzeitpunkt des Rechners beziehen. Als einziger Zeitgeber kann `std::chrono::steady_clock` nicht zurückgestellt werden. Die Methoden `to_time_t` und `from_time_t` erlauben es, zwischen `std::chrono::system_clock`- und `std::time_t`-Objekten zu konvertieren.

KAPITEL 4

Gemeinsamkeiten der Container

Auch wenn die sequenziellen und assoziativen Container der Standard Template Library zwei sehr unterschiedliche Containertypen beschreiben, haben sie doch viel gemeinsam, so das Erzeugen und Löschen, das Bestimmen ihrer Größe, den Zugriff auf ihre Elemente, das Zuweisen und das Tauschen, aber auch ihren Vergleich unabhängig von ihrem Typ. Gemein ist den Containern vor allem, dass sie sich über beliebige Typen und einen Allocator (Speicherbeschaffer) parametrisieren lassen. Der Allocator bleibt als Default-Wert aber meist im Hintergrund. Dies ist schön am std::vector zu sehen. Der Aufruf std::vector<<int> wird von der C++-Laufzeit auf die Instanziierung std::vector<int>,std::allocator<int>> abgebildet. Mit ihm lässt sich zur Laufzeit die Größe des Containers anpassen. Dies gilt mit Ausnahme des std::array. Gemein ist den Containern aber auch, dass sich auf ihre Elemente einfach mit Iteratoren zugreifen lässt.

Bei so viel Ähnlichkeit unterscheiden sich die Container im Detail. Diese Unterschiede werden das Thema des Kapitels zu den sequenziellen (siehe Seite 63) und assoziativen Containern (siehe Seite 75) sein.

Mit den sequenziellen Containern std::array, std::vector, std::deque, std::list und std::forward_list bietet C++ Spezialisten für spezielle Einsatzgebiete an.

Ähnlich verhält cs sich mit den assoziativen Containern, die sich noch weiter in geordnete und ungeordnete assoziative Container klassifizieren lassen.

Erzeugen und Löschen

Container lassen sich durch eine Vielzahl von Konstruktoren erzeugen. Für das Löschen aller Elemente eines Containers `c` ist die Methode `c.clear()` zuständig. Unabhängig davon, ob der Container erzeugt wird, seine Gültigkeit verliert oder nur seine Elemente entfernt werden, die C++-Laufzeit übernimmt automatisch das Speichermanagement. In Tabelle 4-1 finden Sie eine Übersicht aller Konstruktoren und des Destruktors. Exemplarisch kommt ein `std::vector` zum Einsatz.

Tabelle 4-1: Erzeugen und Löschen von Containern

Typ	Beispiel
Default	`std::vector<int> vec1`
Range	`std::vector<int> vec2(vec1.begin(),vec1.end())`
Copy	`std::vector<int> vec3(vec2)`
Copy	`std::vector<int> vec3= vec2`
Move	`std::vector<int> vec5(std::move(vec3))`
Move	`std::vector<int> vec4= std::move(vec3)`
Sequenz (Initialisiererliste)	`std::vector<int> vec5 {1,2,3,4,5}`
Sequenz (Initialisiererliste)	`std::vector<int> vec5= {1,2,3,4,5}`
Destruktor	`vec5.~vector()`
Elemente löschen	`vec5.clear()`

Da `std::array` zur Compilezeit erzeugt wird, gelten für ihn ein paar Besonderheiten. So besitzt `std::array` keinen Move-Konstruktor und kann weder durch einen Bereich (*range*) noch eine Initialisiererliste erzeugt werden. Dafür lässt sich ein `std::array` mit einer Aggregatinitialisierung initialisieren. Dazu besitzt es keine Methode `clear`, um alle Elemente zu entfernen.

Das Erzeugen verschiedener Container mit verschiedenen Konstruktoren zeigt das folgende Codebeispiel:

```
#include <map>
#include <unordered_map>
#include <vector>
```

```
...
using namespace std;

vector<int> vec= {1,2,3,4,5,6,7,8,9};
map<string,int> m = { {"bart",12345},{"jenne",34929},
                      {"huber",840284} };
unordered_map<string,int> um{ m.begin(), m.end() };

for (auto v: vec) cout << v << " "; // 1 2 3 4 5 6 7 8 9

for (auto p: m) cout << p.first << "," << p.second << " ";
                // bart,12345 huber,840284 jenne,34929
for (auto p: um) cout << p.first << "," << p.second << " ";
                // bart,12345 jenne,34929 huber,840284

vector<int> vec2= vec;
cout << vec.size() << endl;  // 9
cout << vec2.size() << endl; // 9

vector<int> vec3= move(vec);
cout << vec.size() << endl;  // 0
cout << vec3.size() << endl; // 9

vec3.clear();
cout << vec3.size() << endl; // 0
```

Größe bestimmen

Für einen Container cont lässt sich mit `cont.empty()` bestimmen, ob er leer ist. `cont.size()` gibt die aktuelle Anzahl seiner Elemente, `cont.max_size()` hingegen die maximale Anzahl der Elemente zurück, die der Container enthalten kann. Diese Anzahl hängt von der Implementierung ab (*implementation defined*).

```
#include <map>
#include <set>
#include <vector>
...
using namespace std;

vector<int> intVec{1,2,3,4,5,6,7,8,9};
map<string,int> str2Int ={ {"bart",12345},
                    {"jenne",34929},{"huber",840284} };
set<double> douSet{3.14,2.5};
```

```
cout << intVec.empty() << endl;  // false
cout << str2Int.empty() << endl; // false
cout << douSet.empty() << endl;  // false

cout << intVec.size() << endl;  // 9
cout << str2Int.size() << endl; // 3
cout << douSet.size() << endl;  // 2

cout << intVec.max_size() << endl; // 4611686018427387903
cout << str2Int.max_size() << endl;// 384307168202282325
cout << douSet.max_size() << endl; // 461168601842738790
```

Bevorzugen Sie cont.empty() anstelle von const.size()

Ziehen Sie für einen Container `cont` die Methode `cont.empty()` dem Aufruf `(cont.size() == 0)` vor. Zum einen ist `cont.empty()` in der Regel schneller als `cont.size() == 0)`, zum anderen besitzt der Container `std::forward_list` keine Methode `size()`.

Zugriff auf die Elemente

Container bieten den einfachen Zugriff auf ihre Elemente mit Iteratoren an. Durch den Anfangs- und den Enditerator wird ein Bereich beschrieben, dessen Elemente sich in einer Schleife adressieren lassen. Für einen Container `cont` gibt `cont.begin()` den Anfangs- und `cont.end()` den Enditerator des halb offenen Bereichs zurück. Halb offen, da der Anfangsiterator zum Bereich gehört, der Enditerator auf eine Position hinter dem Bereich verweist. Das Iteratorpaar `cont.begin()` und `cont.end()` erlaubt den modifizierenden Zugriff auf die Containerelemente.

Container kennen vier Iteratortypen für das Traversieren ihrer Elemente:

Tabelle 4-2: Iteratortypen der Container

Iteratoren	Beschreibung
`cont.begin()` und `cont.end()`	Iteratorpaar, um über den Container `cont` vorwärts nicht modifizierenden (konstant) zu iterieren.

Tabelle 4-2: Iteratortypen der Container (Fortsetzung)

Iteratoren	Beschreibung
`cont.cbegin()` und `cont.cend()`	Iteratorpaar, um über den Container `cont` vorwärts nicht modifizierenden (konstant) zu iterieren.
`cont.rbegin()` und `cont.rend()`	Iteratorpaar, um über den Container `cont` rückwärts zu iterieren.
`cont.crbegin()` und `cont.crend()`	Iteratorpaar, um über den Container `cont` rückwärts nicht modifizierenden (konstant) zu iterieren.

Mit den vorgestellten Methoden lässt sich ein `std::vector` einfach modifizieren:

```
#include <vector>
...
struct MyInt{
  MyInt(int i): myInt(i){};
  int myInt;
};

std::vector<MyInt> myIntVec;
myIntVec.push_back(MyInt(5));
myIntVec.emplace_back(1);
std::cout << myIntVec.size() << std::endl; // 2

std::vector<int> intVec;
intVec.assign({1,2,3});
for ( auto v: intVec ) std::cout << v << " ";
                            // 1 2 3

intVec.insert(intVec.begin(),0);
for ( auto v: intVec ) std::cout << v << " ";
                            // 0 1 2 3

intVec.insert(intVec.begin()+4,4);
for ( auto v: intVec ) std::cout << v << " ";
                           // 0 1 2 3 4

intVec.insert(intVec.end(),{5,6,7,8,9,10,11});
               // 0 1 2 3 4 5 6 7 8 9 10 11
for ( auto v: intVec ) std::cout << v << " ";
               // 11 10 9 8 7 6 5 4 2 1 0
for ( auto revIt= intVec.rbegin(); revIt != intVec.rend();
                                        ++revIt)
```

```
    std::cout << *revIt << " ";
            // 0 1 2 3 4 5 6 7 8 9 10

intVec.pop_back();
for ( auto v: intVec ) std::cout << v << " ";
            // -1 0 1 2 3 4 5 6 7 8 9 10
```

Zuweisen und Tauschen

Bestehenden Containern können neue Elemente zugewiesen, die Elemente von zwei Containern können getauscht werden. Bei der Zuweisung zweier Container `cont` und `cont2` gilt es, die Copy-Zuweisung `cont= cont2` von der Move-Zuweisung `cont= std::move(cont2)` zu unterscheiden. Eine besondere Form der Zuweisung ist die über eine Initialisiererliste: `cont= { ... }`. Diese Form wird vom `std::array` nicht unterstützt. Hier springt aber Aggregatinitialisierung in die Bresche. Die Funktion `swap()` gibt es als Methode `cont.swap(cont2)` und als Funktions-Template `std::swap(cont,cont2)`.

```
#include <set>
...
std::set<int> set1{0,1,2,3,4,5};
std::set<int> set2{6,7,8,9};
for (auto s: set1) std::cout << s << " ";  // 0 1 2 3 4 5
for (auto s: set2) std::cout << s << " ";  // 6 7 8 9

set1= set2;
for (auto s: set1) std::cout << s << " ";  // 6 7 8 9
for (auto s: set2) std::cout << s << " ";  // 6 7 8 9

set1= std::move(set2);
for (auto s: set1) std::cout << s << " ";  // 6 7 8 9
for (auto s: set2) std::cout << s << " ";  //

set2={60,70,80,90};
for (auto s: set1) std::cout << s << " ";  // 6 7 8 9
for (auto s: set2) std::cout << s << " ";  // 60 70 80 90

std::swap(set1,set2);
for (auto s: set1) std::cout << s << " ";  // 60 70 80 90
for (auto s: set2) std::cout << s << " ";  // 6 7 8 9
```

Vergleiche

Container unterstützen die bekannten Vergleichsoperatoren `==`, `!=`, `<`, `>`, `<=`, `>=`. Dabei findet der Vergleich zweier Container auf deren Elementen statt. Bei assoziativen Containern werden deren Schlüssel verglichen. Ungeordnete assoziative Container unterstützen nur die Vergleichsoperatoren `==` und `!=`.

```
#include <array>
#include <set>
#include <unordered_map>
#include <vector>
...
using namespace std;

vector<int> vec1{1,2,3,4};
vector<int> vec2{1,2,3,4};
cout << (vec1 == vec2) << endl;

array<int,4> arr1{1,2,3,4};
array<int,4> arr2{1,2,3,4};
cout << (arr1 == arr2) << endl;

set<int> set1{1,2,3,4};
set<int> set2{4,3,2,1};
cout << (set1 == set2) << endl;

set<int> set3{1,2,3,4,5};
cout << (set1 < set3) << endl;

set<int> set4{1,2,3,-3};
cout << (set1 > set4) << endl;

unordered_map<int,string> uSet1{{1,"one"},{2,"two"}};
unordered_map<int,string> uSet2{{1,"one"},{2,"Two"}};
cout << (uSet1 == uSet2) << endl;
```

KAPITEL 5
Sequenzielle Container

Die sequenzielle Containern bieten zum einen viele Gemeinsamkeiten (siehe Seite 55) an, zum anderen ist jeder der sequenziellen Container ein Spezialist auf seinem Gebiet. Vor dem Blick auf die Details in den nächsten Abschnitten liefert Tabelle 5-1 erst einmal einen Überblick über die fünf Container des std-Namensraums.

Tabelle 5-1: Die sequenziellen Container

Kriterium	**array**	**vector**	**deque**	**list**	**forward_ list**
Größe	statisch	dynamisch	dynamisch	dynamisch	dynamisch
Implementierung	statisches Array	dynamisches Array	Sequenz von Arrays	doppelt verkettete Liste	einfach verkettete Liste
Zugriff	wahlfrei	wahlfrei	wahlfrei	vor- und rückwärts	vorwärts
Optimiert für Einfügen und Löschen am		Ende: O(1)	Anfang und Ende: O(1)	Anfang und Ende: O(1) Überall: O(1)	Anfang: O(1) Überall: O(1)
Speicherreservierung		ja	nein	nein	nein
Speicherfreigabe		`shrink_to_fit`	manchmal `shrink_to_fit`	immer	immer
Stärken	keine Speicherallokation minimale Speicheranforderungen	95 % Lösung	Einfügen und Löschen am Anfang und Ende	Einfügen und Löschen an beliebiger Position	schnelles Einfügen und Löschen minimale Speicheranforderungen

Tabelle 5-1: Die sequenziellen Container (Fortsetzung)

Kriterium	array	vector	deque	list	forward_ list
Schwächen	keine dynamische Speicherallokation	Einfügen und Löschen an beliebiger Position: 0(n)	Einfügen und Löschen an beliebiger Position: 0(n)	kein wahlfreier Zugriff	kein wahlfreier Zugriff

Noch ein paar Anmerkungen zu Tabelle 5-1. 0(i) bezeichnet die Komplexität (Laufzeit) einer Operation. Dabei bedeutet 0(1), dass die Laufzeit einer Operation auf einem Container konstant ist, und 0(n), dass die Laufzeit einer Operation linear von der Anzahl seiner Elemente abhängt. Das heißt im konkreten Fall eines `std::vector`, dass die Zugriffszeit auf seine Elemente immer gleich schnell ist und damit unabhängig von der Anzahl seiner Elemente. Hingegen ist das Einfügen oder Löschen eines beliebigen Elements bei k zusätzlichen Elementen um den Faktor k langsamer.

Auch wenn der wahlfreie Zugriff auf die Elemente eines `std::vector` genau so wie der auf ein `std::deque` die Komplexität 0(1) besitzt, so bedeutet das in keinem Fall, dass beide Operationen gleich performant sind.

Die Komplexitätszusicherung 0(1) für das Einfügen oder Löschen neuer Elemente in eine doppelt oder einfach verkettete Liste `std::list` bzw. `std::forward_list` gilt nur unter der Annahme, dass ein Iterator bereits auf das Element verweist.

HINWEIS

Natürlich ist der `std::string` kein Container der Standard Template Library. Trotzdem verhält er sich in vielen Aspekten wie ein sequenzieller Container, insbesondere wie ein `std::vector<char>`. Daher ist es durchaus legitim und pragmatisch, ihn als Container der Standard Template Library anzusehen und zu behandeln.

Arrays

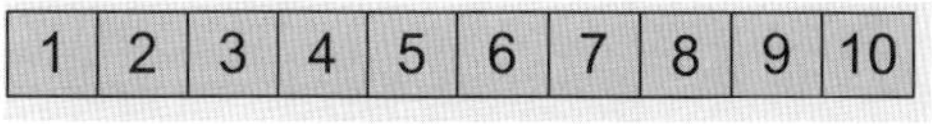

`std::array` ist ein homogener Container fester Länge. Er benötigt die Header-Datei <array>. Der `std::array` verbindet die Speicher- und Laufzeitcharakteristik des C-Arrays mit dem Interface eines `std::vector`. Somit lässt sich `std::array` mit den Algorithmen der STL verwenden.

Für die Initialisierung eines `std::array` gelten spezielle Regeln:

`std::array<int,10> arr`
: Die 10 Elemente werden nicht initialisiert.

`std::array<int,10> arr{}`
: Die 10 Elemente werden per Default initialisiert.

`std::array<int,10> arr{1,2,3,4,5}`
: Die restlichen Elemente werden per Default initialisiert.

`std::array` unterstützt den Indexzugriff in drei Formen:

```
arr[n];
arr.at(n);
std::get<n>(arr);
```

Bei der am häufigsten angewandten ersten Form mit eckigen Klammern findet keine Überprüfung der Array-Grenzen statt. Dies steht im Gegensatz zu der Form `arr.at(n)`. Hier wird gegebenenfalls eine `std::range_error`-Ausnahme ausgelöst. Die dritte Form zeigt die Verwandtschaft des `std::array` mit dem `std::tuple`, denn beide sind Container fester Länge.

Zum Abschluss noch ein bisschen Arithmetik mit der `std::array`.

```
#include <array>
...
std::array<int,10> arr{1,2,3,4,5,6,7,8,9,10};
for ( auto a: arr ) std::cout << a << " " ;
```

```
double sum= std::accumulate(arr.begin(),arr.end(),0);
std::cout << sum << std::endl;  // 55
double mean= sum / arr.size();
std::cout << mean << std::endl; // 5.5

std::cout << (arr[0] == std::get<0>(arr));  // true
```

Vektoren

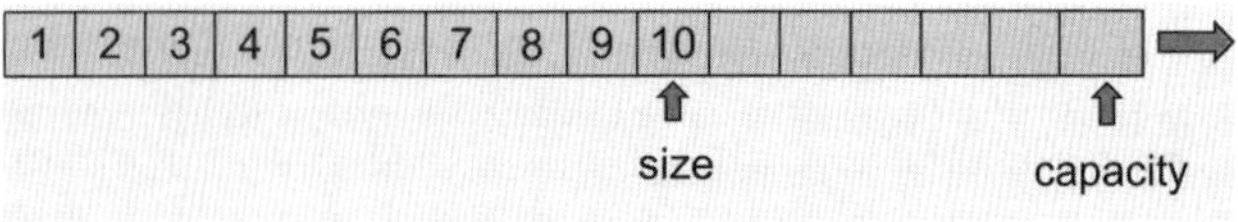

std::vector ist ein homogener Container, dessen Größe zur Laufzeit verändert werden kann. Er benötigt die Header-Datei <vector>. Da er seine Elemente kontinuierlich im Speicher verwaltet, unterstützt er Zeigerarithmetik.

```
for (int i= 0; i < vec.size(); ++i){
  std::cout <<  vec[i] == *(vec + i) << std::endl;  // true
}
```

Unterscheiden Sie runde und geschweifte Klammern bei der Erzeugung eines std::vector

Die Konstruktoren eines std::vector besitzen ein paar Besonderheiten. So erzeugt der Konstruktor mit runden Klammern einen std::vector mit 10 per Default initialisierten Werten, hingegen der Konstruktor mit geschweiften Klammern einen Vektor mit dem Element 10:

```
std::vector<int> vec(10);
std::vector<int> vec{10};
```

Die entsprechenden Regeln gelten für die Ausdrücke std::vector<int>(10,2011) bzw. std::vector<int> vec{10,2011}. Im ersten Fall wird ein std::vector mit 10 Elementen erzeugt, die die Werte 2011 besitzen. Im zweiten Fall wird durch die Initialisierungsliste {10,2011} ein Vektor mit den zwei Werten 10 und 2011 erzeugt.

---

size <= capacity

Die Anzahl der Elemente, die ein std::vector besitzt, ist in der Regel kleiner als die Anzahl der Elemente, die für einen std::vector reserviert sind. Dies hat einen einfachen Grund. Eine Vergrößerung eines std::vector führt nicht automatisch zu einer neuen teuren Anforderung von Speicher. Tabelle 5-2 stellt die Methoden des std::vector rund um sein Speicherverwaltung vor:

Tabelle 5-2: Speicherverwaltung eines std::vector

Methode	Beschreibung
vec.size()	Anzahl der Elemente von vec.
vec.capacity()	Anzahl der Elemente, die vec ohne Reallokation besitzen kann.
vec.resize(n)	vec wird auf n Elemente vergrößert.
vec.reserve(n)	Speicher für n Elemente wird reserviert.
vec.shrink_to_fit()	Passt die Kapazität des Vektors vec an seine Größe an.

Das kleine Beispiel zeigt die Methoden in der Anwendung:

```
#include <vector>
...
std::vector<int> intVec1(5,2011);
intVec1.reserve(10);
std::cout << intVec1.size() << std::endl;     // 5
std::cout << intVec1.capacity() << std::endl; // 10
intVec1.shrink_to_fit();
std::cout << intVec1.capacity() << std::endl; // 5

std::vector<int> intVec2(10);
std::cout << intVec2.size() << std::endl;  // 10
std::vector<int> intVec3{10};
std::cout << intVec3.size() << std::endl;  //  1
std::vector<int> intVec4{5,2011};
std::cout << intVec4.size() << std::endl;  //  2
```

std::vector besitzt mehrere Methoden für den Zugriff auf seine Elemente. Mit vec.front() und vec.back() lässt sich das erste bzw. das letzte Element eines Vektors vec lesen. Lesenden und schreibenden Zugriff auf das n-te Element bietet der Indexoperator vec[n] oder die Methode vec.at(n). Das Besondere an der Methode ist, dass sie ihre Grenzen prüft und gegebenenfalls eine std::range_error-Ausnahme auslöst.

Neben dem vorgestellten Indexoperator bietet std::vector einige weitere Methoden an, um Elemente eines Vektors zuzuweisen, einzufügen, direkt zu erzeugen und zu entfernen. Tabelle 5-3 stellt sie in der Übersicht dar.

Tabelle 5-3: Elemente eines std::vector modifizieren

Methode	Beschreibung
`vec.assign( ... )`	Weist ein oder mehrere Elemente, Bereiche oder auch Initialisiererlisten ein.
`vec.clear()`	Entfernt alle Elemente des Vektors `vec`.
`vec.emplace(pos,args ... )`	Erzeugt ein neues Element in `vec` vor `pos` mit den Argumenten `args ...` und gibt die Position des neuen Elements zurück.
`vec.emplace_back(args ... )`	Erzeugt ein neues Element in `vec` mit den Argumenten `args ...` .
`vec.erase( ... )`	Entfernt ein Element oder einen Bereich und gibt die nächste Position zurück.
`vec.insert(pos, ... )`	Fügt ein oder mehrere Elemente, Bereiche oder auch Initialisiererlisten vor `pos` ein und gibt die Position des ersten neuen Elements zurück.
`vec.pop_back()`	Entfernt das letzte Element.
`vec.push_back(elem)`	Fügt eine Kopie des Elements `elem` am Ende des Vektors `vec` hinzu.

Deque

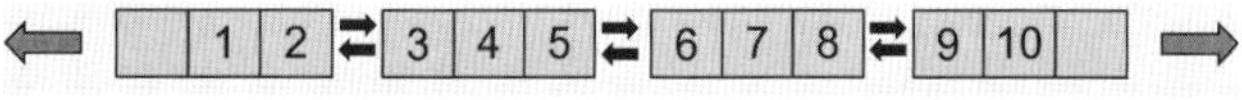

std::deque, der aus einer Sequenz von Arrays besteht, ist dem std::vector sehr ähnlich. Er benötigt die Header-Datei <deque>. Mit den Methoden deq.push_front(elem), deq.pop_front() und deq.emplace_front(args ...) bietet die Deque deq zusätzliche Operationen an ihrem Anfang an, um Elemente hinzuzufügen oder zu entfernen.

```
#include <deque>
...
struct MyInt{
```

```
  MyInt(int i): myInt(i){};
  int myInt;
};

std::deque<MyInt> myIntDeq;
myIntDeq.push_back(MyInt(5));
myIntDeq.emplace_back(1);
std::cout << myIntDeq.size() << std::endl;  // 2

intDeq.assign({1,2,3});
for ( auto v: intDeq ) std::cout << v << " ";
                       //  1 2 3

intDeq.insert(intDeq.begin(),0);
for ( auto v: intDeq ) std::cout << v << " ";
                       //  0 1 2 3

intDeq.insert(intDeq.begin()+4,4);
for ( auto v: intDeq ) std::cout << v << " ";
                       //  0 1 2 3 4

intDeq.insert(intDeq.end(),{5,6,7,8,9,10,11});
for ( auto v: intDeq ) std::cout << v << " ";
                      //  6 7 8 9 10 11
for ( auto revIt= intDeq.rbegin();
      revIt != intDeq.rend(); ++revIt)
      std::cout << *revIt << " ";
      // 11 10 9 8 7 6 5 4 3 2 1 0

intDeq.pop_back();
for ( auto v: intDeq ) std::cout << v << " ";
                       //  0 1 2 3 4 5 6 7 8 9 10

intDeq.push_front(-1);
for ( auto v: intDeq ) std::cout << v << " ";
                      //  -1 0 1 2 3 4 5 6 7 8 9 10
```

Listen

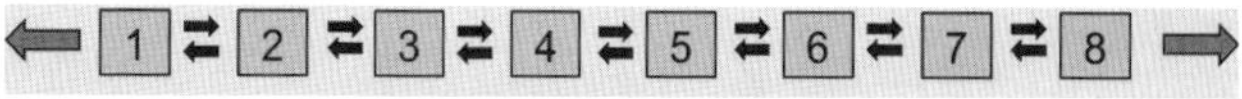

std::list ist eine doppelt verkettete Liste. Sie benötigt die Header-Datei <list>. Zwar bietet sie ein ähnliches Interface wie std::vector und std::deque an, trotzdem unterscheidet sie sich deutlich aufgrund ihrer Struktur von diesen sequenziellen Containern.

std::list zeichnet sich durch die folgenden Punkte aus:

- Sie unterstützt keinen wahlfreien Zugriff.
- Der Zugriff auf ein beliebiges Element ist langsam, da gegebenenfalls über die ganze Liste iteriert werden muss.
- Das Hinzufügen oder Entfernen von beliebigen Elementen ist schnell, falls ein Iterator an der Position gegeben ist.
- Beim Hinzufügen oder Entfernen von Elementen bleiben die Iteratoren gültig.

Aufgrund seiner speziellen Struktur besitzt std::list einen Satz besonderer Methoden (Tabelle 5-4).

Tabelle 5-4: Spezielle Methoden der std::list

Methode	Beschreibung
lis.merge(c)	Verschiebt die sortierte Liste c in die sortierte Liste lis, sodass lis sortiert ist.
lis.merge(c,op)	Verschiebt die sortierte Liste c in die sortierte Liste lis, sodass lis sortiert ist. Das Sortierkriterium ist die Funktion op.
lis.remove(val)	Entfernt alle Elemente der Liste mit dem Wert val.
lis.remove_if(pre)	Entfernt alle Elemente, für die das Prädikat pre true ergibt.
lis.splice(pos, ...)	Verschiebt Elemente in die aktuelle Liste vor die Position pos. Diese Elemente können einzelne Elemente, Bereiche oder Listen sein.
lis.unique()	Entfernt aufeinanderfolgende Elemente mit dem gleichen Wert.
lis.unique(pre)	Entfernt aufeinanderfolgende Elemente, für die das Prädikat op true ergibt.

Das folgende Codebeispiel zeigt einige der speziellen Methoden in der Anwendung.

```
#include <list>
...
std::list<int> list1{15,2,18,19,4,15,1,3,18,18,5,4,
                      7,17,9,16,8,6,6,17,1,19,2,1};
```

```
list1.sort();
for ( auto l: list1 ) std::cout << l << " ";
//  1 1 1 2 2 3 4 4 5 6 6 7 8 9 15 15 16 17 17 18 18 18 19 19

list1.unique();
for ( auto l: list1 ) std::cout << l << " ";
// 1 2 3 4 5 6 7 8 9 15 16 17 18 19

std::list<int> list2{10,11,12,13,14};
list1.splice(std::find(list1.begin(),list1.end(),15),list2);
for ( auto l: list1 ) std::cout << l << " ";
//  1 2 3 4 5 6 7 8 9 10 11 12 13 14 15 16 17 18 19
```

Einfach verkettete Listen

std::forward_list ist eine einfach verkettete Liste, die die Header-Datei <forward_list> benötigt. std::forward_list besitzt ein deutlich eingeschränktes Interface und ist für minimale Speicheranforderungen optimiert.

Die std::forward_list hat viel mit der std::list (siehe Seite 69) gemein:

- Sie unterstützt keinen wahlfreien Zugriff.
- Der Zugriff auf ein beliebiges Element ist sehr langsam, da gegebenenfalls über die ganze Liste vorwärts iteriert werden muss.
- Das Hinzufügen oder Entfernen von beliebigen Elementen ist schnell, falls die Position bekannt ist.
- Beim Hinzufügen oder Entfernen von Elementen bleiben die Iteratoren gültig.
- Operationen beziehen sich immer auf ihren Anfang oder die Position nach dem aktuellen Element.

Dass die std::forward_list nur vorwärts durchlaufen werden kann, besitzt große Auswirkungen. Ihre Iteratoren können nicht dekrementiert werden, und damit sind Operationen wie It-- auf ihnen nicht möglich. Aus dem gleichen Grund bietet `std::forward_list` keinen Rückwärts-Iterator an. `std::forward_list` ist darüber hinaus der einzige sequenzielle Container, der seine Länge nicht kennt.

Die std::forward_list besitzt ein sehr spezielles Einsatzgebiet

Die `std::forward_list` ist der Ersatz für die einfach verkettete Liste aus C. Sie spielt dann ihre minimalen Speicheranforderungen und ihre Performance aus, wenn das Einfügen, Extrahieren oder auch das Verschieben von Elementen nur benachbarte Elemente betrifft. Diese spezielle Anforderung besitzen häufig Sortieralgorithmen.

Tabelle 5-5 stellt die speziellen Methoden der `std::forward_list` vor.

Tabelle 5-5: Spezielle Methoden der std::forward_list

Methode	Beschreibung
`forw.before_begin()`	Gibt einen Iterator auf das Element vor dem ersten Element zurück.
`forw.emplace_after(pos, args ... )`	Erzeugt ein Element nach `pos` mit den Argumenten `args ...` .
`forw.emplace_front(args ... )`	Erzeugt ein Element am Anfang der einfach verketteten Liste `for` mit den Argumenten `args ...` .
`forw.erase_after( pos, ... )`	Entfernt aus der einfach verketteten Liste `for` entweder ein Element `pos` oder einen Bereich von Elementen, beginnend mit `pos`.
`forw.insert_after(pos, ... )`	Fügt zur einfach verketteten Liste `for` nach `pos` neue Elemente hinzu. Dies können einzelne Elemente, Bereiche und Initialiererlisten sein.
`forw.merge(c)`	Verschiebt die sortierte einfach verkettete Liste `c` in die sortierte Liste `for`, sodass `for` sortiert ist.
`forw.merge(c,op)`	Verschiebt die sortierte einfach verkettete Liste `c` in die sortierte Liste `for`, sodass `for` sortiert ist. Das Sortierkriterium ist die Funktion `op`

Tabelle 5-5: Spezielle Methoden der std::forward_list (Fortsetzung)

Methode	Beschreibung
`forw.splice_after(pos, ... )`	Verschiebt Elemente in die Liste `for` vor die Position `pos`. Diese Elemente können einzelne Elemente, Bereiche oder einfach verkettete Listen sein.
`forw.unique()`	Entfernt aufeinanderfolgende Elemente mit dem gleichen Wert.
`forw.unique(pre)`	Entfernt aufeinanderfolgenden Elemente, die das Prädikat `op` erfüllen.

Zum Abschluss noch die speziellen Methoden in der Anwendung.

```
#include<forward_list>
...
using std::cout;

std::forward_list<int> myForList;

std::cout << forw.empty() << std::endl;  // true
forw.push_front(7);
forw.push_front(6);
forw.push_front(5);
forw.push_front(4);
forw.push_front(3);
forw.push_front(2);
forw.push_front(1);

for (auto i: forw) cout << *i << " ";  // 1 2 3 4 5 6 7

forw.erase_after(forw.before_begin());
cout<< forw.front(); // 2

std::forward_list<int> for2;
forw2.insert_after(forw2.before_begin(),1);
forw2.insert_after(forw2.before_begin()++,2);
forw2.insert_after((forw2.before_begin()++)++,3);
forw2.push_front(1000);
for (auto i= forw2.cbegin();i != forw2.cend();++i) cout << *i <<
" ";
    // 1000 3 2 1

auto IteratorTo5= std::find(forw.begin(),forw.end(),5);
forw.splice_after(IteratorTo5,std::move(for2));
for (auto i= forw.cbegin();
```

```
        i != forw.cend();++i) cout << *i << " ";
        // 2 3 4 5 1000 3 2 1 6 7

    forw.sort();
    for (auto i= forw.cbegin();
        i != forw.cend();++i) cout << *i << " ";
        // 1 2 2 3 3 4 5 6 7 1000

    forw.reverse();
    for (auto i= forw.cbegin();
        i != forw.cend();++i) cout << *i << " ";
        // 1000 7 6 5 4 3 3 2 2 1

    forw.unique();
    for (auto i= forw.cbegin();
        i != forw.cend();++i) cout << *i << " ";
        // 1000 7 6 5 4 3 2 1
```

KAPITEL 6

Assoziative Container

C++ bietet acht verschiedene assoziative Container an. Da sind zum einen die assoziativen Container, deren Schlüssel geordnet sind: `std::set`, `std::map`, `std::multiset` und `std::multimap`. Und da sind zum anderen die ungeordneten assoziativen Container: `std::unordered_set`, `std::unordered_map`, `std::unordered_multiset` und `std::unordered_multimap`. Die assoziativen Container sind spezielle Container. Dies bedeutet, dass sie die in Kapitel 4, *Gemeinsamkeiten der Container* (siehe Seite 55), beschriebene Funktionalität anbieten.

Überblick

Alle acht geordneten und ungeordneten Container zeichnet es aus, dass sie einen Schlüssel mit einem Wert assoziieren, sodass der Wert über seinen Schlüssel referenziert werden kann. Die Klassifizierung der assoziativen Container folgt den zwei einfachen Regeln:

- Ist dem Schlüssel ein Wert zugeordnet?
- Darf ein Schlüssel öfter als einmal vorkommen?

Tabelle 6-1 gibt die Antwort auf die zwei Fragen für jeden Container.

Tabelle 6-1: Namenskonventionen für assoziative Container

Assoziativer Container	Sortiert	Wert zugeordnet	Mehrere gleiche Schlüssel	Zugriffszeit
`std::set`	ja	nein	nein	logarithmisch
`std::unordered_set`	nein	nein	nein	konstant
`std::map`	ja	ja	nein	logarithmisch

Tabelle 6-1: Namenskonventionen für assoziative Container (Fortsetzung)

Assoziativer Container	Sortiert	Wert zugeordnet	Mehrere gleiche Schlüssel	Zugriffszeit
`std::unordered_map`	nein	ja	nein	konstant
`std::multiset`	ja	nein	ja	logarithmisch
`std::unordered_multiset`	nein	nein	ja	konstant
`std::multimap`	ja	ja	ja	logarithmisch
`std::unordered_multimap`	nein	ja	ja	konstant

Seit C++98 kennt C++ die geordneten assoziativen Container, mit C++11 sind nun auch die ungeordneten assoziativen Container hinzugekommen. Beide bieten ein sehr ähnliches Interface an, sodass das Codebeispiel für beide Typen identisch ist. So lassen sich die Container mit der Initialisiererliste initialisieren, und mit dem Indexoperator können neue Werte hinzugefügt werden. Auf die Elemente der Paare `p` ist der Zugriff direkt mittels `p.first` bwz. `p.second` möglich. Dabei ist `p.first` der Schlüssel, `p.second` der Wert des Paares:

```
#include <map>
#include <unordered_map>

std::map<std::string,int> m { {"Dijkstra",1972},{"Scott",1976}
};
m["Ritchie"] = 1983;
std::cout << m["Ritchie"]; // 1983
for(auto p : m) std::cout << '{' << p.first << ',' << p.second
<< '}';
  // {Dijkstra,1972},{Ritchie,1983},{Scott,1976}
m.erase("Scott");
for(auto p : m) std::cout << '{' << p.first << ',' << p.second
<< '}';
  // {Dijkstra,1972},{Ritchie,1983}

m.clear();
std::cout << m.size() << std::endl; // 0

std::unordered_map<std::string,int> um { {"Dijkst-
ra",1972},{"Scott",1976} };
um["Ritchie"] = 1983;
std::cout << um["Ritchie"]; // 1983
```

```
for(auto p : um) std::cout << '{' << p.first << ',' << p.second
<< '}';
  // {Ritchie,1983},{Scott,1976},{Dijkstra,1972}
um.erase("Scott");
for(auto p : um) std::cout << '{' << p.first << ',' << p.second
<< '}';
  // {Ritchie,1983},{Dijkstra,1972}
um.clear();
std::cout << um.size() << std::endl;  // 0
```

Einen kleinen Unterschied zeigt die Programmausführung: Die Schlüssel der std::map sind geordnet, die der unordered_map ungeordnet. Warum gibt es nun in C++ zwei solch ähnliche Container? Ein scharfer Blick auf Tabelle 6-1 bringt den Grund auf den Punkt: Performance. Die Zugriffszeit eines ungeordneten assoziativen Containers ist konstant und damit unabhängig von seiner Größe. Dieser Performanceunterschied kommt insbesondere dann zum Tragen, wenn die assoziativen Container sehr groß sind (siehe Abschnitt »Performance«, Seite 84).

Geordnete assoziative Container

Überblick

Die geordneten assoziativen Container std::map und std::multimap ordnen ihrem Schlüssel einen Wert zu. Sie benötigen die Header-Datei <map>. Hingegen benötigen std::set und std::multiset die Header-Datei <set>. std::set und std::multiset besitzen keine Werte. Die Details hierzu stellt Tabelle 6-1 dar.

Allen vier Container werden über ihren Datentyp, ihren Allocator und ihre Vergleichsfunktion parametrisiert. Sowohl für den Datentyp als auch die Vergleichsfunktion sind Default-Werte vordefiniert. Schön ist dies an der std::map bzw. std::set zu sehen.

```
template < class key, class val, class Comp= less<key>,
           class Alloc= allocator<pair<const key, val> >
class map;

template < class T, class Comp = less<T>,
           class Alloc = allocator<T>
class set;
```

Die Deklaration der beiden assoziativen Container zeigt, dass std::map mit val einen assoziierten Wert besitzt. Der Schlüssel und der Wert werden als Default für den Allocator verwendet: allocator <pair<const key, val>>. Mit ein bisschen Fantasie lässt sich noch mehr aus dem Allocator ableiten. std::map enthält Paare vom Typ std::pair< const key, val>. Hingegen spielt der assoziierte Wert val keine Rolle beim Sortierkriterium: less<key>. Alle Beobachtungen gelten natürlich auch für std::multimap und std::multiset.

Schlüssel und Wert

Für den Schlüssel und den Wert eines geordneten assoziativen Arrays gelten besondere Regeln.

Der Schlüssel muss

- das Vergleichskriterium (per Default <) unterstützen,
- kopier- oder verschiebbar sein,

Der Wert muss

- default-konstruierbar sein.
- kopier- oder verschiebbar sein.

Der mit dem Schlüssel assoziierte Wert bildet ein Paar p (siehe Seite 29), sodass der Schlüssel mit dem Mitglied p.first und der Wert mit dem Mitglied p.second direkt angesprochen werden können.

```
#include <map>
...
std::multimap<char,int> multiMap={{'a',10},{'a',20},{'b',30}};
for ( auto p: multiMap ) std::cout << "{" << p.first <<  ","
                                      << p.second << "} ";
  // {a,10} {a,20} {b,30}
```

Das Vergleichskriterium

Das Default-Vergleichskriterium der geordneten assoziativen Container ist std::less. Ein eigener Datentyp muss den Operator < überladen, um als Schlüssel verwendet werden zu können. Der Operator < ist ausreichend, da die Container die zwei Elemente elem1 und elem2 mithilfe der Relation (! (elem1<elem2 || elem2<elem1)) auf Gleichheit prüfen.

Das Vergleichskriterium lässt sich auch als Template-Parameter spezifizieren. Dieses muss der *Strict Weak Ordering* genügen.

Strict Weak Ordering

Strict Weak Ordering für ein Vergleichskriterium auf einer Menge M gilt dann, wenn es die folgenden Bedingungen erfüllt:

- Für m aus M gilt, dass m < m nicht möglich ist.
- Für alle m1 und m2 aus M gilt: Falls m1 < m2 ist, kann nicht gleichzeitig m2 < m1 sein.
- Für alle m1, m2 und m3 mit m1 < m2 und m2 < m3 muss gelten, dass m1 < m3 ist.
- Für alle m1, m2 und m3, für die gilt, dass m1 nicht mit m2 und m2 nicht mit m3 vergleichbar ist, darf m1 auch nicht mit m3 vergleichbar sein.

Die Parametrisierung einer std::map mit einem Vergleichskriterium, das der *Strict Weak Ordering* genügt, gestaltet sich im Gegensatz zur Definition der Begrifflichkeit deutlich einfacher.

```
#include <map>
...
std::map<int,std::string,std::greater<int>> int2Str{
        {5,"five"},{1,"one"},{4,"four"},{3,"three"},
        {2,"two"},{7,"seven"},{6,"six"} };
for ( auto p: int2Str ) std::cout << "{" << p.first << ","
                                              << p.second << "} ";
// {7,seven} {6,six} {5,five} {4,four} {3,three} {2,two}
{1,one}
```

Besondere Suchfunktionen

Geordnete assoziative Arrays ordAssCont sind fürs Suchen optimiert. Sie bieten besondere Suchfunktionen (Tabelle 6-2) an:

Tabelle 6-2: Besondere Suchfunktionen der geordneten assoziativen Container

Suchfunktion	Beschreibung
`ordAssCont.count(key)`	Gibt die Anzahl der Werte mit dem Schlüssel `key` zurück.
`ordAssCont.find(key)`	Gibt die Position des Schlüssels `key` zurück. Falls `key` nicht existiert, `ordAssCont.end()`.
`ordAssCont.lower_bound(key)`	Gibt die erste Position zurück, an der der Schlüssel `key` eingefügt werden würde.
`ordAssCont.upper_bound(key)`	Gibt die letzte Position zurück, an der der Schlüssel `key` eingefügt werden würde.
`ordAssCont.equal_range(key)`	Gibt den Bereich `ordAssCont.lower_bound(key)` und `ordAssCont.upper_bound(key)` als `std::pair` zurück.

Das kleine Codelisting zeigt die besonderen Suchfunktionen am Beispiel der `std::multiset`.

```
#include <set>
...
std::multiset<int> mySet{3,1,5,3,4,5,1,4,4,3,2,2,7,6,4,3,6};
for ( auto s: mySet ) std::cout << s << " ";
  // 1 1 2 2 3 3 3 3 4 4 4 4 5 5 6 6 7
mySet.erase(mySet.lower_bound(4),mySet.upper_bound(4));
for ( auto s: mySet ) std::cout << s << " ";
  // 1 1 2 2 3 3 3 3 5 5 6 6 7

std::cout << mySet.count(3) << std::endl; // 4
std::cout << *mySet.find(3) << std::endl; // 3
std::cout << *mySet.lower_bound(3) << std::endl;  // 3
std::cout << *mySet.upper_bound(3) << std::endl;  // 5
auto pair= mySet.equal_range(3);
std::cout << "(" << *pair.first << "," << *pair.second << ")";
  // (3,5)
```

Einfügen und Löschen von Elementen

Das Einfügen (`insert` und `emplace`) und Löschen (`erase`) von Elementen in assoziativen Containern folgt den Regeln des `std::vector` (siehe Tabelle 5-3, Seite 67). Geordnete assoziative Container kennen eine besondere Variante `ordAssCont.erase(key)`, die alle Paare mit dem Schlüssel key entfernt und deren Anzahl zurückgibt. Dies zeigt das Beispiel.

```
#include <set>
...
std::multiset<int> mySet{3,1,5,3,4,5,1,4,4,3,2,2,7,6,4,3,6};

for ( auto s: mySet ) std::cout << s << " ";
  // 1 1 2 2 3 3 3 3 4 4 4 4 5 5 6 6 7

mySet.insert(8);
std::array<int,5> myArr{10,11,12,13,14};
mySet.insert(myArr.begin(),myArr.begin()+3);
mySet.insert({22,21,20});
for ( auto s: mySet ) std::cout << s << " ";
  // 1 1 2 2 3 3 3 3 4 4 4 4 5 5 6 6 7 10 11 12 20 21 22

std::cout << mySet.erase(4); // 4
mySet.erase(mySet.lower_bound(5),mySet.upper_bound(15));
for ( auto s: mySet ) std::cout << s << " ";
  // 1 1 2 2 3 3 3 3 20 21 22
```

std::map

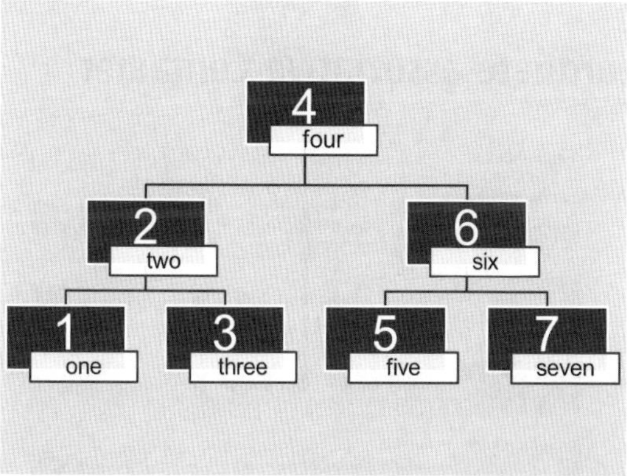

std::map ist der mit Abstand am häufigsten eingesetzte assoziative Container, verbindet er doch meist ausreichend hohe Performance (siehe Abschnitt »Performance«, Seite 84) mit einem sehr komfortablen Elementzugriff. Seine Elemente lassen sich einfach durch den Indexoperator ansprechen. Existiert der Schlüssel im `std::map` nicht, wird zu diesem automatisch ein Wert mit seinem Default-Wert erzeugt.

Fassen Sie std::map als eine Verallgemeinerung von std::vector auf

Ein `std::map` wird gern auch als assoziatives Array bezeichnet. Array, da `std::map` den Indexzugriff wie ein sequenzieller Container unterstützt. Der feine Unterschied ist aber, dass der Index bei einem `std::map` nicht auf eine natürliche Zahl wie bei einem `std::vector` beschränkt ist. Als Index kann `std::map` ein beliebiger Schlüssel dienen.

Die gleichen Bemerkungen über `std::map` gelten natürlich auch für seinen Namensverwandten `std::unordered_map`.

Neben dem Indexoperator kennt `std::map` die `at`-Methode. Mit dieser findet ein geprüfter Schlüsselzugriff statt. Ist der Schlüssel nicht vorhanden, erzeugt der Aufruf eine `std::out_of_range`-Ausnahme.

Ungeordnete assoziative Container

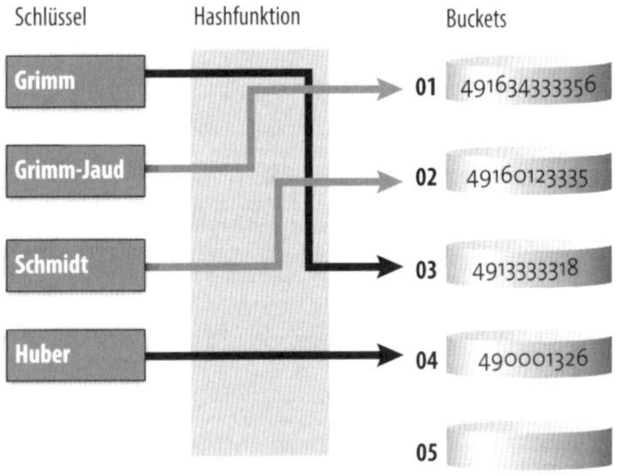

Überblick

Mit dem aktuellen C++-Standard kennt C++ die vier ungeordneten Container `std::unorderd_map`, `std::unordered_multimap`, `std::unordered_set` und `std::unordered_multiset`. Sie sind ihren geordneten Namensverwandten, den Assoziativen Containern (siehe Seite 75), sehr ähnlich. Im Unterschied zu den geordneten Containern erweitern die ungeordneten deren Interface, zum anderen sind ihre Schlüssel nicht sortiert.

Dies zeigt die Deklaration eines `std::unordered_map`.

```
template< class key, class val, class Hash= std::hash<key>,
          class KeyEqual= std::equal_to<key>,
          class Alloc= std::allocator<std::pair<const
key,val>>>
class unordered_map;
```

Zwar besitzt `std::unordered_map` einen Allocator, dagegen benötigt er aber keine Vergleichsfunktion wie sein Namensverwandter `std::map`. Zusätzlich braucht er zwei Funktionen, um den Hashwert seines Schlüssels `std::hash<key>` zu bestimmen und die Schlüssel auf Gleichheit zu prüfen: `std::equal_to<key>`. Für die Definition eines `std::unordered_map` sind aufgrund der drei Default-Template-Parameter nur die Typen von Schlüssel und Wert anzugeben: `std::unordered_map<char,int> unordMap`.

Schlüssel und Wert

Für den Schlüssel und den Wert eines ungeordneten assoziativen Arrays gelten besondere Regeln.

Der Schlüssel muss

- mit dem Gleichheitskriterium vergleichbar sein,
- als Hashwert zur Verfügung stehen,
- kopier- oder verschiebbar sein.

Der Wert muss

- default-konstruierbar sein,
- kopier- oder verschiebbar sein.

Performance

Performance – auf diesen einfachen Nenner lässt sich reduzieren, warum die so lange vermissten ungeordneten assoziativen Container in C++ enthalten sind. Dies zeigt das kleine Programmfragment sehr eindrucksvoll. In ihm werden 1 Million zufällig erzeugte Werte aus einem 10 Millionen großen `std::map` und `std::unordered_map` ausgelesen. Dabei ist der ungeordnete assoziative Container dank seiner konstanten Zugriffszeit um den Faktor 20 schneller als der geordnete assoziative Container, der die logarithmische Zugriffszeit `O(log n)` besitzt.

```
#include <map>
#include <unordered_map>
...
using std::chrono::duration;

static const long long mapSize= 10000000;
static const long long accSize= 1000000;
...
// lese 1 Million zufällig ausgewählte Werte aus einer
// <std::map> mit 10 Millionen Werten
auto start = std::chrono::system_clock::now();
for ( long long i=0; i < accSize; ++i){
  myMap[randValues[i]];
}
duration<double> dur= std::chrono::system_clock::now() - start;
std::cout << dur.count() << " sec"; // 9.18997 sec

// lese 1 Million zufällig ausgewählte Werte aus einer
// <std::unorderd_map> mit 10 Millionen Werten
auto start2 = std::chrono::system_clock::now();
for ( long long i=0; i < accSize; ++i){
  myHash[randValues[i]];
}
duration<double> dur2= std::chrono::system_clock::now() -
start2;
std::cout << dur2.count() << " sec";  // 0.411334 sec
```

Die Hashfunktion

Der entscheidende Grund für die konstante Zugriffszeit des ungeordneten assoziativen Containers ist dessen Hashfunktion, schematisch dargestellt in der Abbildung Seite 82. Diese bildet den Schlüssel auf seinen Index, den Hashwert, ab. Die Hashwerte werden auf die sogenannten Buckets verteilt. Eine Hashfunktion ist dann gut, wenn sie bei ihrer Abbildung möglichst wenig Kollisionen erzeugt und ihre Hashwerte gleichmäßig auf die Buckets verteilt. Da die Ausführungszeit der Hashfunktion konstant ist, ist dies im optimalen Fall auch der Zugriff auf den Container.

Die Hashfunktion

- ist für Built-in-Datentypen wie Wahrheitswerte, Ganzzahlen und Fließkommazahlen vordefiniert,
- gibt es für die Datentypen `std::string` und `std::wstring`,
- erzeugt für einen C-String `const char*` einen Hashwert der Zeigeradresse,
- kann für eigene Datentypen definiert werden.

Für eigene Datentypen, die als Schlüssel eines ungeordneten assoziativen Containers verwendet werden, gelten zwei Bedingungen. Sie benötigen eine Hashfunktion und müssen auf Gleichheit vergleichbar sein:

```
#include <unordered_map>
...
struct MyInt{
  MyInt(int v):val(v){}
  bool operator== (const MyInt& other) const {
    return val == other.val;
  }
  int val;
};
struct MyHash{
  std::size_t operator()(MyInt m) const {
    std::hash<int> hashVal;
    return hashVal(m.val);
  }
};
std::ostream& operator << (std::ostream& st, const MyInt& myIn){
  st << myIn.val ;
  return st;
}
typedef std::unordered_map<MyInt,int,MyHash> MyIntMap;
MyIntMap myMap{ {MyInt(-2),-2},{MyInt(-1),-1},
                {MyInt(0),0}, {MyInt(1),1}};
```

```
for(auto m : myMap) std::cout << '{' << m.first << ','
                                  << m.second << "} ";
// {MyInt(1),1} {MyInt(0),0} {MyInt(-1),-1} {MyInt(-2),-2}

std::cout << myMap[MyInt(-2)] << std::endl; // -2
```

Die Details

Die ungeordneten assoziativen Container speichern ihre Indizes in Buckets. In welchem Bucket ein Schlüssel landet, entscheidet die Hashfunktion, die einen Schlüssel auf ihren Index abbildet. Werden mehrere Schlüssel auf den gleichen Index abgebildet, wird dies als Kollision bezeichnet. Das versucht die Hashfunktion zu vermeiden.

Indizes werden in Buckets gern als verlinkte Liste gespeichert. Damit ist der Zugriff auf den Bucket konstant, der im Bucket linear. Die Anzahl der Buckets wird als Kapazität, die durchschnittliche Anzahl der Elemente je Bucket als Ladefaktor bezeichnet. Die C++-Laufzeit erzeugt in der Regel neue Buckets dann, wenn der Ladefaktor 1 übersteigt. Dieser Vorgang wird Rehashing genannt und kann auch explizit angefordert werden:

```
#include <unordered_set>
...
using namespace std;

void getInfo(const unordered_set<int>& hash){
  cout << "hash.bucket_count(): " << hash.bucket_count();
  cout << "hash.load_factor(): " << hash.load_factor();
}

unordered_set<int> hash;
cout << hash.max_load_factor() << endl; // 1

getInfo(hash);
  // hash.bucket_count(): 1
  // hash.load_factor(): 0

hash.insert(500);

cout << hash.bucket(500) << endl; // 5

// füge 100 zufällige Werte hinzu
fillHash(hash,100);
```

```
getInfo(hash);
  // hash.bucket_count(): 109
  // hash.load_factor(): 0.88908

hash.rehash(500);

getInfo(hash);
  // hash.bucket_count(): 541
  // hash.load_factor(): 0.17298

cout << hash.bucket(500);  // 500
```

Die Methode `hash.max_load_factor` erlaubt es, den Ladefaktor zu lesen und zu setzen. Damit lässt sich implizit auf die Wahrscheinlichkeit von Kollisionen und Rehashing Einfluss nehmen. Sehr interessant ist es in dem Beispiel, zu sehen, dass der Schlüssel `500` zuerst im 5. Bucket ist, nach dem Rehashing aber im 500. Bucket landet.

KAPITEL 7
Adaptoren für Container

C++ kennt mit `std::stack`, `std::queue` und `std::priority_queue` drei besondere sequenzielle Container für Standarddatenstrukturen der Informatik.

Diese Adaptoren für Container

- bieten ein eingeschränktes Interface auf einen sequenziellen Container an,
- können nicht die Algorithmen der Standard Template Library verwenden,
- sind Klassen-Templates, die über ihren Datentyp und ihren Container (`std::vector`, `std::list` oder `std::deque`) parametrisiert werden,
- verwenden per Default `std::deque` als sequenziellen Container:

```
template <typename T, typename Container= deque<T>>
class stack;
```

Stack

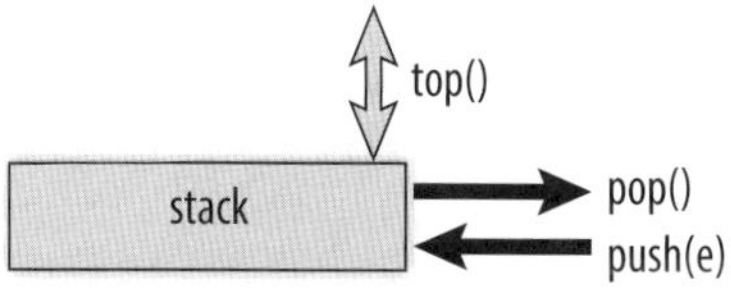

Der std::stack, auch Stapelspeicher, Stapel oder Keller genannt, folgt dem LIFO-Prinzip (*Last In First Out*). Der Stack sta, der die Header-Datei <stack> benötigt, bietet drei spezielle Methoden an. Mit sta.push(e) lässt sich ein Element e oben auf den Stapel schieben, das mit sta.pop() wieder entfernt und mit sta.top() referenziert werden kann. Darüber hinaus unterstützt der std::stack die Vergleichs- und Gleichheitsoperatoren und kennt sein Größe. Seine Operationen besitzen konstante Komplexität.

```
#include <stack>
...
std::stack<int> myStack;

std::cout << myStack.empty() << std::endl; // true
std::cout << myStack.size() << std::endl;  // 0

myStack.push(1);
myStack.push(2);
myStack.push(3);

std::cout << myStack.top() <<  std::endl;  // 3

while ( !myStack.empty() ){
  std::cout << myStack.top(); << " ";
  myStack.pop();
}  // 3 2 1

std::cout << myStack.empty() << std::endl; // true
std::cout << myStack.size() << std::endl;  // 0
```

Queue

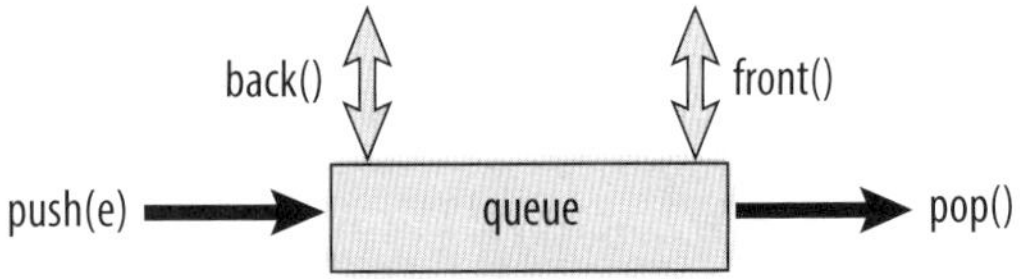

Die std::queue, auch unter dem Namen Warteschlange bekannt, folgt dem FIFO-Prinzip (*First In First Out*). Die Queue que, die die Header-Datei <queue> benötigt, bietet vier spezielle Methoden an.

Mit que.push(e) lässt sich ein Element e am Ende auf die Queue schieben, mit que.pop() lässt sich ein Element am Anfang wieder entfernen. que.back() erlaubt es, das Element am Ende, que.front() das Element am Anfang zu referenzieren. Darüber hinaus besitzt die std::queue ähnliche Charakteristiken wie std::stack (siehe Abschnitt »Stack«, Seite 89). So bietet std::queue die Vergleichs- und Gleichheitsoperatoren an und kennt seine Größe. Seine Operationen besitzen konstante Komplexität.

```
#include <queue>
...
std::queue<int> myQueue;

std::cout << myQueue.empty() << std::endl;  // true
std::cout << myQueue.size() << std::endl;   // 0

myQueue.push(1);
myQueue.push(2);
myQueue.push(3);

std::cout << myQueue.back() <<  std::endl;   // 3
std::cout << myQueue.front() <<  std::endl;  // 1

while ( ! myQueue.empty() ){
  std::cout << myQueue.back() << " ";
  std::cout << myQueue.front() << " ; "
  myQueue.pop();
} // 3 1 : 3 2 : 3 3

std::cout << myQueue.empty() << std::endl;  // true
std::cout << myQueue.size() << std::endl;   // 0
```

Priority Queue

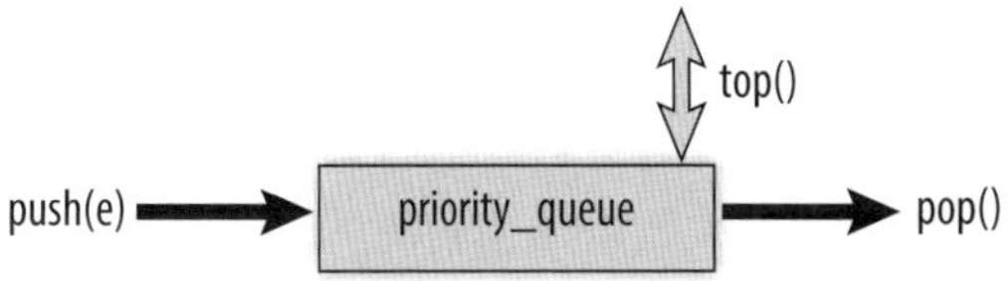

Die std::priority_queue, auch unter dem Namen Vorrangwarteschlange bekannt, ist eine eingeschränkte std::queue. Sie benötigt die Header-Datei <queue>. Gegenüber der std::queue zeichnet sie aus, dass ihr größtes Element immer an ihrem Kopf ist. Per Default verwendet std::priority_queue std::less als Vergleichsoperator. Ähnlich der std::queue schiebt die Methode pri.push(e) ein neues Element e auf den Anfang der Vorrangwarteschlange pri, während pri.pop() das Element am Ende entfernt, dies aber nur mit logarithmischer Komplexität. Mit pri.top() lässt sich das Element am Ende der std::priority_queue referenzieren. std::priority_queue kennt ihre Größe, unterstützt aber keine Vergleichs- und Gleichheitsoperatoren.

```
#include <queue>
...
std::priority_queue<int> myPriorityQueue;

std::cout << myPriorityQueue.empty() << std::endl;  // true
std::cout << myPriorityQueue.size() << std::endl;   // 0

myPriorityQueue.push(3);
myPriorityQueue.push(1);
myPriorityQueue.push(2);

std::cout << myPriorityQueue.top() <<  std::endl;   // 3

while ( !myPriorityQueue.empty() ){
  std::cout << myPriorityQueue.top() <<  " ";
  myPriorityQueue.pop();
}  // 3 2 1

std::cout << myPriorityQueue.empty() << std::endl;  // true
std::cout << myPriorityQueue.size() << std::endl;   // 0

std::priority_queue<std::string, std::vector<std::string>,
     std::greater<std::string> > myPriorityQueue2;

myPriorityQueue2.push("Only");
myPriorityQueue2.push("for");
myPriorityQueue2.push("testing");
myPriorityQueue2.push("purpose");
myPriorityQueue2.push(".");

while ( !myPriorityQueue2.empty() ){
  std::cout << myPriorityQueue2.top() << " ";
  myPriorityQueue2.pop();
}  // . Only for purpose testing
```

KAPITEL 8

Iteratoren

Zum einen sind Iteratoren Abstraktionen von Zeigern, die Positionen in einem Container repräsentieren. Zum anderen sind Zeiger mächtige Iteratoren, die wahlfreien Zugriff in einem Container erlauben. Iteratoren sind das Bindeglied zwischen den generischen Containern und Algorithmen der Standard Template Library.

Iteratoren unterstützen folgende Operationen:

`*`
: Das Element der aktuellen Position zurückgeben.

`==, !=`
: Zwei Positionen auf Identität vergleichen.

`=`
: Einem Iterator einen neuen Wert zuweisen.

Die Range-basierte `for`-Schleife nutzt die Iteratoren implizit.

Da Iteratoren nicht geprüft werden, beinhalten sie die gleichen Gefahren wie Zeiger:

```
std::vector<int>{1,23,3,3,3,4,5} vec;
std::deque<int> deq;

// Anfang größer als das Ende
std::copy(vec.begin()+2, vec.begin(),deq.begin());

// Zielcontainer zu klein
std::copy(vec.begin(), vec.end(), deq.end());
```

Kategorien

Iteratorkategorien stehen für die Fähigkeiten, die ein Iterator besitzt. C++ kennt die Iteratorkategorien Forward, Bidirectional und Random-Access. Während der Forward-Iterator es erlaubt, den Container vorwärts zu durchlaufen, erlaubt dies der Bidirectional-Iterator in beide Richtungen. Der Random-Accesss-Iterator bietet zusätzlich den wahlfreien Zugriff an. Das heißt insbesondere, dass mit ihm Iteratorarithmetik und der Ordnungsvergleich (z. B. : <) von Iteratoren möglich ist. Vom Typ eines Containers hängt es ab, welche Iteratorkategorien seine Iteratoren `It` unterstützen. Tabelle 8-1 stellt die Container und ihre Iteratorkategorien vor. Dabei stellen der Bidirectional- und der Random-Access-Iterator jeweils nur die Funktionalität dar, die sie zusätzlich zu ihrem Vorgänger besitzen. In der Tabelle bezeichnet `It` bzw. `It2` einen Iterator, während `n` für eine natürliche Zahl steht.

Tabelle 8-1: Die Iteratorkategorien der Container

Iteratorkategorie	**Eigenschaften**	**Container**

Forward-Iterator	`++It, It++`
	`*It`
	`It == It2, It != It2`
		ungeordnete assoziative Container
		`std::forward_list`

Bidirectional-Iterator	`--It, It--`	geordnete assoziative Container `std::list`

Random-Access-Iterator	`It[i]`
	`It+=n, It-=n`
	`It+n, It-n`
	`n+It`
	`It-It2`
	It<It2, It<=It2, It>It2,
	It>=It2
		`std::array`
		`std::vector`
		`std::deque`
		`std::string`

Mit dem Input-Iterator und dem Output-Iterator besitzt C++ spezielle Forward-Iteratoren, die ihre Elemente nur einmal lesen oder schreiben können.

Iteratoren erzeugen

Jeder Container erzeugt seine passenden Iteratoren auf Anfrage. Dies sind im Fall des `std::unordered_map` Vorwärts-Iteratoren in der konstanten und nicht konstanten Form.

```
std::unordered_map<std::string,int>::iterator unMapIt=
unordMap.begin();
std::unordered_map<std::string,int>::iterator unMapIt=
unordMap.end();
std::unordered_map<std::string,int>::const_iterator unMapIt=
unordMap.cbegin();
std::unordered_map<std::string,int>::const_iterator unMapIt=
unordMap.cend();
```

Bei `std::map` kommen zusätzlich die Rückwärts-Iteratoren hinzu:

```
std::map<std::string,int>::reverse_iterator mapIt= map.rbegin();
std::map<std::string,int>::reverse_iterator mapIt= map.rend();
std::map<std::string,int>::const_reverse_iterator mapIt=
map.rcbegin();
std::map<std::string,int>::const_reverse_iterator mapIt=
map.rcend();
```

Für Container, die Random-Access-Iteratoren erzeugen, besitzen die entsprechenden Iteratoren die zusätzliche Funktionalität der Iteratorarithmatik und der Iteratorvergleiche. Auch wenn `std::unordered_map` und `std::map` keine Random-Access-Iteratoren erzeugen, so bieten sie doch wahlfreien Zugriff mit dem Indexoperator an.

Verwenden Sie auto für die Definition Ihrer Iteratoren

Die Definition der Iteratoren ist sehr schreibintensiv. Die automatische Typableitung mit auto erlaubt es, die Tipparbeit auf ein Minimum zu reduzieren:

```
std::map<std::string,int>::const_reverse_iterator
mapIt= map.rcbegin();
auto mapIt= map.rcbegin();
```

Zum Abschluss noch die Iteratoren in der Anwendung:

```
using namespace std;
...
map<string,int> myMap{ {"Rainer",1966},{"Beatrix",1966},
                       {"Juliette",1997},{"Marius",1999} };
auto endIt= myMap.end();

for (auto mapIt= myMap.begin(); mapIt != endIt; ++mapIt)
     cout << "{" << mapIt->first <<  "," << mapIt->second <<
     "}";
// {Beatrix,1966},{Juliette,1997},{Marius,1999},{Rainer,1966}

vector<int> myVec{1,2,3,4,5,6,7,8,9};
vector<int>::const_iterator vecEndIt= myVec.end();
vector<int>::iterator vecIt;
for (vecIt= myVec.begin(); vecIt != vecEndIt; ++vecIt)
     cout << *vecIt <lt; " ";
// 1 2 3 4 5 6 7 8 9

vector<int>::const_reverse_iterator vecEndRevIt= myVec.rend();
vector<int>::reverse_iterator vecIt;
for (vecIt= myVec.rbegin(); vecIt != vecEndRevIt; ++vecIt)
     cout << *vecIt << " ";
// 9 8 7 6 5 4 3 2 1
```

Nützliche Funktionen

Die globalen Funktionen std::begin, std::end, std::prev, std::next, std::distance und std::advance erleichtern deutlich den Umgang mit Iteratoren. Dabei setzt die Funktion std::prev als einzige einen Bidirectional-Iterator voraus. Alle globale Funktionen benötigen die Header-Datei <iterator>. Tabelle 8-2 stellt sie in der Übersicht dar.

Tabelle 8-2: Nützliche Funktionen für Iteratoren

Globale Funktion	Beschreibung
std::begin(cont)	Gibt einen Iterator auf den Anfang des Containers cont zurück.
std::end(cont)	Gibt einen Enditerator auf den Container cont zurück.
std::prev(it)	Gibt einen Iterator zurück, der auf eine Position vor it verweist.

Tabelle 8-2: Nützliche Funktionen für Iteratoren (Fortsetzung)

Globale Funktion	Beschreibung
`std::next(it)`	Gibt einen Iterator zurück, der auf eine Position nach `it` verweist.
`std::distance (fir,sec)`	Gibt die Anzahl der Elemente zwischen den Iteratoren `fir` und `sec` zurück.
`std::advance(it,n)`	Setzt den Iterator `it` um `n` Positionen weiter.

Das Programmlisting zeigt die nützlichen Funktionen in der Anwendung.

```
#include <iterator>
...
using std::cout;

std::unordered_map<std::string,int> myMap{{"Rainer",1966},
     {"Beatrix",1966},{"Juliette",1997},{"Marius",1999}};
for (auto m: myMap) cout << "{" << m.first << ","
                         << m.second << "} ";
// {Juliette,1997},{Marius,1999},{Beatrix,1966},{Rainer,1966}

auto mapItBegin= std::begin(myMap);
cout << mapItBegin->first << " "
     << mapItBegin->second; // Juliette 1997

auto mapIt= std::next(mapItBegin);
cout << mapIt->first << ""
     << mapIt->second; // Marius 1999

cout << std::distance(mapItBegin,mapIt);

std::array<int,10> myArr{0,1,2,3,4,5,6,7,8,9};
for ( auto a: myArr ) std::cout << a << " ";
// 0 1 2 3 4 5 6 7 8 9

auto arrItEnd= std::end(myArr);
auto arrIt= std::prev(arrItEnd);
cout << *arrIt << std::endl; // 9

std::advance(arrIt,-5);
cout << *arrIt; // 4
```

Entsprechend den Methoden zum Erzeugen eines Iterators besitzt C++14 drei weitere Funktionspaare: Mit `std::cbegin` und `std::cend` lassen sich konstante Iteratoren, mit `std::rbegin` und `std::rend`

Rückwärts-Iteratoren und mit std::crbegin und std::crend konstante Rückwärts-Iteratoren erzeugen.

Adaptoren

Iterator-Adaptoren erlauben es, Iteratoren im Einfügemodus oder mit Streams zu verwenden. Sie benötigen die Header-Datei <iterator>.

Einfügeiteratoren

Die drei Einfügeiteratoren std::front_inserter, std::back_inserter und std::inserter ermöglichen es, Elemente einem Container am Anfang, am Ende oder an einer beliebigen Stelle hinzuzufügen. Dabei wird der Speicher automatisch bereitgestellt. Die drei bilden ihre Funktionalität auf die entsprechenden Methoden des Containers cont ab. Tabelle 8-3 beantwortet zwei Fragen. Welche Methode des Containers verwendet der Einfügeiterator? Für welchen Container ist der Einfügeiterator definiert?

Tabelle 8-3: Die drei Einfügeiteratoren

Name	Verwendete Methode	Container
std::front_inserter(cont)	cont.push_front(val)	std::deque std::list
std::back_inserter(cont)	cont.push_back(val)	std::vector std::deque std::list std::string
std::inserter(cont,pos)	cont.insert(pos,val)	std::vector std::deque std::list std::map std::set

Die drei Einfügeiteratoren erlauben es, Algorithmen der Standard Template Library direkt zu verknüpfen.

```
#include <iterator>
...
std::deque<int> myDeq{5,6,7,10,11,12};
std::vector<int> vec{1,2,3,4,5,6,7,8,9,10,11,12,13,14,15};
```

```
std::copy(std::find(vec.begin(),vec.end(),13),
          vec.end(), std::back_inserter(deq));
for ( auto d: deq ) std::cout << d << " ";
//  5 6 7 10 11 12 13 14 15

std::copy(std::find(vec.begin(),vec.end(),8),
          std::find(vec.begin(),vec.end(),10),
       std::inserter(deq,
                     std::find(deq.begin(),deq.end(),10)));
for ( auto d: deq ) std::cout << d << " ";
//  5 6 7 8 9 10 11 12 13 14 15

std::copy(vec.rbegin()+11,vec.rend(),
    std::front_inserter(deq));
for ( auto d: deq ) std::cout << d << " ";
// 1 2 3 4 5 6 7 8 9 10 11 12 13 14 15
```

Stream-Iteratoren

Stream-Iterator-Adapter können Streams als Datenquelle oder -ziel verwenden. C++ bietet jeweils zwei Funktionen an, um Istream-Iteratoren bzw. Ostream-Iteratoren (Tabelle 8-4) zu erzeugen. Die erzeugten Istream-Iteratoren verhalten sich wie die Input-Iteratoren (siehe Seite 94), die Ostream-Iteratoren wie Einfügeiteratoren (siehe Seite 98).

Tabelle 8-4: Die drei Einfügeiteratoren

Funktion	Beschreibung
`std::istream_iterator<T>`	Erzeugt einen *End-of-Stream*-Iterator.
`std::istream_iterator<T>(istream)`	Erzeugt einen Istream-Iterator für `istream`.
`std::ostream_iterator<T>(ostream)`	Erzeugt einen Ostream-Iterator für `ostream`.
`std::ostream_iterator<T>(ostream,delimiter)`	Erzeugt einen Ostream-Iterator für `ostream` mit dem Trenner `delimiter`.

Dank Stream-Iterator-Adapter lässt sich direkt von einem Stream lesen oder auf einen Stream schreiben.

So liest das Programmfragment in einer Endlosschleife natürliche Zahlen von `std::cin` ein und schiebt sie auf den Vektor `myIntVec`. Ist die Eingabe als natürliche Zahl nicht interpretierbar, führt dies zu einem Fehler im Eingabestream. Alle Zahlen des Vektors myIntVec werden durch den Trenner : separiert auf std::cout kopiert und damit auf der Konsole ausgegeben:

```
#include <iterator>
...
std::vector<int> myIntVec;

std::istream_iterator<int> myIntStreamReader(std::cin);
std::istream_iterator<int> myEndIterator;

while( myIntStreamReader != myEndIterator ){
  myIntVec.push_back(*myIntStreamReader);
  ++myIntStreamReader;
}
std::copy(myIntVec.begin(),myIntVec.end(),
      std::ostream_iterator<int>(std::cout,":"));
```

KAPITEL 9

Aufrufbare Einheiten

Viele STL-Algorithmen und -Container können über aufrufbare Einheiten parametrisiert werden. Eine aufrufbare Einheit ist alles, was wie eine Funktion aufgerufen werden kann. Dies sind Funktionen selbst, aber auch Funktionsobjekte und Lambda-Funktionen. Prädikate sind spezielle aufrufbare Einheiten, die als Ergebnis einen Wahrheitswert zurückgeben. Nimmt ein Prädikat ein Argument an, wird es als unäres Prädikat, nimmt es zwei Argumente an, wird es als binäres Prädikat bezeichnet. Dasselbe gilt für aufrufbare Einheiten.

Um einen Container zu verändern, müssen Sie die Argumente der aufrufbaren Einheit per Referenz übergeben

Aufrufbare Einheiten können ihre Werte per Value und per Referenz von ihrem Container erhalten. Um die Elemente des Containers zu verändern, müssen Sie diese direkt ansprechen. Dazu ist es notwendig, dass die aufrufbare Einheit ihre Elemente per Referenz annimmt.

Funktionen

Funktionen sind die einfachsten aufrufbaren Einheiten. Sie können – abgesehen von statischen Variablen – keinen Zustand besitzen. Da die Definition einer Funktion häufig deutlich von ihrer Verwendung getrennt ist, besitzt der Compiler wenig Möglichkeiten, den resultierenden Code zu optimieren.

```
void square(int& i){ i= i*i; }

std::vector<int> myVec{1,2,3,4,5,6,7,8,9,10};
std::for_each(myVec.begin(),myVec.end(),square);
for (auto v: myVec) std::cout << v << " ";
// 1 4 9 16 25 36 49 64 81 100
```

Funktionsobjekte

Funktionsobjekte, auch vereinfachend Funktoren genannt, sind Objekte, die sich wie Funktionen verhalten. Dies erreichen sie dadurch, dass ihr Klammer-Operator überladen ist. Als Objekte besitzen sie Attribute und können damit Zustand besitzen.

```
struct Square{
  void operator()(int& i){ i= i*i;}
};

std::vector<int> myVec{1,2,3,4,5,6,7,8,9,10};
std::for_each(myVec.begin(),myVec.end(),Square());
for (auto v: myVec) std::cout << v << " ";
// 1 4 9 16 25 36 49 64 81 100
```

Um ein Funktionsobjekt zu verwenden, muss es instanziiert werden

Sehr häufig passiert es, dass lediglich der Name des Funktionsobjekts und nicht eine Instanz des Funktionsobjekts an den Algorithmus übergeben wird: `std::for_each(myVec.begin(), myVec.end(),Square)`. Dies kommentiert der Compiler mit einer Fehlermeldung.

Vordefinierte Funktionsobjekte

C++ bringt einen Satz an vordefinierten Funktionsobjekten mit. Sie benötigen die Header-Datei `<functional>`. Diese vordefinierten Funktionsobjekte bieten sich an, um das Default-Verhalten der Container zu verändern. So sind die Schlüssel der geordneten assoziativen Container wie std::map per Default mit dem vordefinierten Funktionsobjekt std::less sortiert. Dieses Verhalten lässt sich mit std::greater ändern:

```
std::map<int, std::string> myDefaultMap; // std::less<int>
std::map<int, std::string,std::greater<int> mySpecialMap;
// std::greater<int>
```

In der Standard Template Library sind Funktionsobjekte für arithmetische, logische und boolesche Operationen, aber auch für Negation und Vergleiche vordefiniert (Tabelle 9-1).

Tabelle 9-1: Die vordefinierten Funktionsobjekte

Funktionsobjekt für	Vertreter
Negation	std::negateT<T>()
Arithmetische Operationen	std::plus<T>(), std::minus<T>(), std::multiplies<>(), std::divides<T>(), std::modulus<T>()
Vergleiche	std::equal_to<T>(), std::not_equal_to<T>() std::less<T>(), std::greater<T> std::less_equal<T>(), std::greater_equal<T>()
Logische Operationen	std::logical_not<T>(), std::logical_and<T>(), std::logical_or<T>()
Boolesche Operationen	std::bit_and<T>(), std::bit_or<T>(), std::bit_xor<T>

Lambda-Funktionen

Lambda-Funktionen erlauben es, ihre Funktionalität an Ort und Stelle zu definieren. Daher besitzen sie ein hohes Optimierungspotenzial für den Compiler. Lambda-Funktionen können ihre Argumente per Referenz oder per Value annehmen.

```
std::vector<int> myVec{1,2,3,4,5,6,7,8,9,10};
std::for_each(myVec.begin(),myVec.end(),[](int& i){i=i*i;});
// 1 4 9 16 25 36 49 64 81 100
```

Lambda-Funktionen sind die erste Wahl für aufrufbare Einheiten

Ist die Funktionalität der aufrufbaren Einheit kurz und selbsterklärend, sollten Lambda-Funktionen die erste Wahl sein.

Wird die aufrufbare Einheit hingegen wiederverwendet, ist sie kompliziert und besteht aus mehreren Codezeilen, ist eine Funktion oder ein Funktionsobjekt die bessere Wahl.

KAPITEL 10
Algorithmen

Die Standard Template Library bringt einen reichen Satz an Algorithmen mit, um Container und deren Elemente zu verarbeiten. Als Funktions-Templates sind sie unabhängig von den konkreten Typen der Elemente, auf denen sie agieren. Das verbindende Glied zwischen den Containern und den Algorithmen sind die Iteratoren (siehe Kapitel 8, *Iteratoren* (siehe Seite 93)). Genügt ein Container den Konventionen der Container der STL, können die generischen Algorithmen auch auf diesen angewandt werden.

```
#include <algorithm>
...
template <typename Cont,typename T>
void doTheSame(Cont cont, T t){
  for ( auto c: cont ) std::cout << c << " ";
  std::cout << cont.size() << std::endl;
  std::reverse(cont.begin(),cont.end());
  for ( auto c: cont ) std::cout << c << " ";
  std::reverse(cont.begin(),cont.end());
  for ( auto c: cont ) std::cout << c << " ";
  auto It= std::find(cont.begin(),cont.end(),t);
  std::reverse(It,cont.end());
  for ( auto c: cont ) std::cout << c << " ";
}

std::vector<int> myVec{1,2,3,4,5,6,7,8,9,10};
std::deque<std::string> my-
Deq({"A","B","C","D","E","F","G","H","I"});
std::list<char> myList({'a','b','c','d','e','f','g','h'});

doTheSame(myVec,5);
// 1 2 3 4 5 6 7 8 9 10
// 10
```

```
// 10 9 8 7 6 5 4 3 2 1
// 1 2 3 4 5 6 7 8 9 10
// 1 2 3 4 10 9 8 7 6 5

doTheSame(myDeq,"D");
//A B C D E F G H I
// 9
// I H G F E D C B A
// A B C D E F G H I
// A B C I H G F E D

doTheSame(myList,'d');
// a b c d e f g h
// 8
// h g f e d c b a
// a b c d e f g h
// a b c h g f e d
```

Konventionen für Algorithmen

Für die Verwendung der Algorithmen gilt es, ein paar Regeln im Kopf zu behalten. So sind die Algorithmen in verschiedenen Header-Dateien definiert.

`<algorithm>`
: Enthält die allgemeinen Algorithmen.

`<numeric>`
: Enthält die numerischen Algorithmen.

Viele Algorithmen besitzen die Namenserweiterungen `_if` und `_copy`.

`_if`
: Der Algorithmus kann durch ein Prädikat parametrisiert werden.

`_copy`
: Der Algorithmus kopiert seine Werte in einen anderen Bereich.

Algorithmen wie `auto num= std::count(InpIt first, InpIt last)` geben als Ergebnis die Anzahl der Treffer zurück. Dabei ist `num` vom Typ `iterator_traits<InpIt>`. Dies sichert zu, dass `num` ausreichend groß ist, um das Ergebnis anzunehmen. Durch die automatische Typableitung mit `auto` ermittelt der Compiler den richtigen Typ in diesem Fall.

Verwendet ein Algorithmus einen zusätzlichen Bereich, muss dieser gültig sein

Der Algorithmus `std::copy_if` (siehe Abschnitt »Elemente und Bereiche kopieren«, Seite 114) verwendet nur einen Iterator für den Anfang seines Zielbereichs. Dieser Bereich muss gültig sein.

Iteratoren als Bindeglied

Iteratoren definieren den Bereich der Container, auf dem die Algorithmen agieren. Dabei beschreiben Iteratoren einen halb offenen Bereich. So verweist der Anfangsiterator auf den Beginn, der Enditerator verweist auf eine Position hinter dem Bereich.

Die Iteratoren werden aufgrund ihrer Eigenschaften klassifiziert (siehe Abschnitt »Kategorien«, Seite 94). Die Algorithmen stellen Bedingungen an ihre Iteratoren. Meist genügt ein Forward-Iterator wie im Fall des Algorithmus `std::rotate`. Dies gilt nicht für den `std::reverse`-Algorithmus. `std::reverse` fordert Bidirectional-Iteratoren.

for_each

`UnFunc std::for_each(InpIt first, InpIt second, UnFunc func)`

`std::for_each` wendet eine unäre aufrufbare Einheit auf jedes Element seines Bereichs an. Dieser Bereich wird durch Input-Iteratoren definiert.

`std::for_each` ist ein besonderer Algorithmus, da er die aufrufbare Einheit als Ergebnis zurückgibt. Wird `std::for_each` mit einem Funktionsobjekt verwendet, erlaubt dies, das Ergebnis des Funktionsaufrufs direkt im Funktionsobjekt zu speichern.

```
#include <algorithm>
...
```

```
template <typename T>
class ContInfo{
public:
  void operator()(T t){
    num++;
    sum+= t;
  }
  int getSum() const{ return sum; }
  int getSize() const{ return num; }
  double getMean() const{
    return static_cast<double>(sum)/static_cast<double>(num);
  }
private:
  T sum{0};
  int num{0};
};

std::vector<double> myVec{1.1,2.2,3.3,4.4,5.5,6.6,7.7,8.8,9.9};
auto vecInfo= std::for_each(myVec.begin(),myVec.end(),ContIn-
fo<double>());
std::cout << vecInfo.getSum() << std::endl;   // 49
std::cout << vecInfo.getSize() << std::endl;  // 9
std::cout << vecInfo.getMean() << std::endl;  // 5.5

std::array<int,100> myArr{1,2,3,4,5,6,7,8,9,10};
auto arrInfo= std::for_each(myArr.begin(),myArr.end(),ContIn-
fo<int>());
std::cout << arrInfo.getSum() << std::endl;   // 55
std::cout << arrInfo.getSize() << std::endl;  // 100
std::cout << arrInfo.getMean() << std::endl;  // 0.55
```

Nicht modifizierende Algorithmen

Nicht modifizierende Algorithmen sind Algorithmen, die helfen, Elemente zu suchen und zu zählen, aber auch Bereiche zu testen, zu vergleichen und Bereiche in Bereichen zu suchen.

Elemente suchen

Elemente lassen sich auf drei Arten suchen.

Sucht ein Element in einem Bereich:

```
InpIt find(InpIt first, InpI last, const T& val)
InpIt find_if(InpIt first, InpIt last, UnPred pred)
InpIt find_if_not(InpIt first, InpI last, UnPred pre)
```

Sucht das erste Element einer Menge in einem Bereich:

```
FwdIt1 find_first_of(FwdIt1 first1, FwdIt1 last1, FwdIt2 first2,
FwdIt2 last2)
FwdIt1 find_first_of(FwdIt1 first1, FwdIt1 last1, FwdIt2 first2,
FwdIt2 last2,BiPre pre)
```

Sucht gleiche, benachbarte Elemente in einem Bereich:

```
FwdIt adjacent_find(FwdIt first, FwdIt last)
FwdIt adjacent_find(FwdIt first, FwdI last, BiPre pre)
```

Die Algorithmen erwarten Input- bzw. Forward-Iteratoren als Argumente und geben im Erfolgsfall einen Iterator auf das gefundene Element zurück. Ist die Suche erfolglos, geben sie den Iterator `last` bzw. `last1` im Fall von `std::first_first_of` zurück.

```
#include <algorithm>
...
using namespace std;

bool isVowel(char c){
  string myVowels{"aeiouäöü"};
  set<char> vowels(myVowels.begin(),myVowels.end());
  return (vowels.find(c) != vowels.end());
}

list<char> myCha{'a','b','c','d','e','f','g','h','i','j'};
int cha[]={'A','B','C'};

cout << *find(myCha.begin(),myCha.end(),'g');              // g
cout << *find_if(myCha.begin(),myCha.end(),isVowel);       // a
cout << *find_if_not(myCha.begin(),myCha.end(),isVowel); // b

auto iter= find_first_of(myCha.begin(),myCha.end(),cha,cha + 3);
if ( iter == myCha.end() ) cout << "None of A, B or C."
    // None of A, B or C.

auto iter2= find_first_of(myCha.begin(),myCha.end(),cha, cha+3,
            [](char a, char b){return toupper(a) == toup-
per(b);});
if ( iter2 != myCha.end() ) cout << *iter2; // a
```

```
auto iter3= adjacent_find(myCha.begin(),myCha.end());
if ( iter3 == myCha.end() ) cout << "No same adjacent chars.";
    // No same adjacent chars.

auto iter4= adjacent_find(myCha.begin(),myCha.end(),
            [](char a, char b){ return isVowel(a) == isVo-
            wel(b);});
if ( iter4 != myCha.end()) cout << *iter4; // b
```

Elemente zählen

Elemente lassen sich in der STL mit und ohne unäres Prädikat zählen.

Gibt die Anzahl der Elemente zurück:

```
Num count(InpIt first, InpI last, const T& val)
Num count_if(InpIt first, InpIt last, UnPred pre)
```

Die Algorithmen erwarten Input-Iteratoren als Argumente und geben die Anzahl der Elemente in `Num` zurück.

```
#include <algorithm>
...
std::string str{"abcdabAAAaefaBqeaBCQEaadsfdewAAQAaafbd"};
std::cout << std::count(str.begin(),str.end(),'a');  // 9
std::cout << std::count_if(str.begin(),str.end(),
             [](char a){ return std::isupper(a);});  // 12
```

Bedingungen auf Bereichen testen

Ob alle Elemente eines Bereichs, mindestens eines oder kein Element eines Bereichs eine Bedingung erfüllt, das beantworten die drei Funktionen `std::all_of`, `std::any_of` und `std::none_of`. Die Funktionen erwarten als Argument Input-Iteratoren und ein unäres Prädikat und geben ein Wahrheitswert als Ergebnis zurück.

Vor dem Beispiel erhalten Sie zuerst noch die drei Funktionen in der Übersicht.

Prüft, ob alle Elemente des Bereichs die Eigenschaft besitzen:

```
bool all_of(InpIt first, InpIt last, UnPre pre)
```

Prüft, ob mindestens ein Element des Bereichs die Eigenschaft besitzt:

```
bool any_of(InpIt first, InpIt last, UnPre pre)
```

Prüft, ob kein Element des Bereichs die Eigenschaft besitzt:

```
bool none_of(InpIt first, InpIt last, UnPre pre)
```

```
#include <algorithm>
...
auto even= [](int i){ return i%2;};

std::vector<int> myVec{1,2,3,4,5,6,7,8,9};
std::cout << std::any_of(myVec.begin(),myVec.end(),even);
// true
std::cout << std::all_of(myVec.begin(),myVec.end(),even);
// false
std::cout << std::none_of(myVec.begin(),myVec.end(),even);
// false
```

Bereiche vergleichen

Bereiche lassen sich mit `std::equal` auf Gleichheit prüfen. Die Frage, ob ein Bereich kleiner als der zweite ist oder ab welcher Position sich Bereiche unterscheiden, beantworten `std::lexicographical_compare` und `std::mismatch`.

Stellt fest, ob beide Bereiche identisch sind:

```
bool equal(InpIt first1, InpIt last1, InpIt first2)
bool equal(InpIt first1, InpIt last1, InpIt first2, BiPre pred)
```

Stellt fest, ob der erste Bereich kleiner als der zweite ist:

```
bool lexicographical_compare(InpIt first1, InpIt last1,InpIt
first2, InpIt last2)
bool lexicographical_compare(InpIt first1, InpIt last1,
```

Findet die erste Position, an der die beiden Bereiche verschieden sind:

```
pair<InpIt,InpIt> mismatch(InpIt first1, InpIt last1, InpIt
first2)
pair<InpIt,InpIt> mismatch(InpIt first1, InpIt last1, InpIt
first2,BiPre pred)
```

Die Algorithmen benötigen Input-Iteratoren und gegebenenfalls ein binäres Prädikat. `std::mismatch` gibt als Ergebnis ein Paar `pa` von Input-Iteratoren zurück. `pa.first` enthält dabei den Input-Iterator auf das erste Element des ersten Bereichs, das verschieden ist, `pa.second` den entsprechenden Iterator des zweiten Bereichs. Falls beide Bereiche identisch sind, sind beide Iteratoren Enditeratoren.

```
#include <algorithm>
...
using namespace std;

string str1{"Only For Testing Purpose."};
string str2{"only for testing purpose."};
cout << equal(str1.begin(),str1.end(),str2.begin());        //
false
cout << equal(str1.begin(),str1.end(),str2.begin(),
[](char c1,char c2){ return toupper(c1) == toupper(c2);}); //
true

str1= {"Only for testing Purpose."};
str2= {"Only for testing purpose."};
auto pair= mismatch(str1.begin(),str1.end(),str2.begin());
if ( pair.first != str1.end() ){
  cout << distance(str1.begin(),pair.first)
       << "at (" << *pair.first << "," << *pair.second << ")";
       // 17 at (P,p)
  }

auto pair2= mismatch(str1.begin(),str1.end(),str2.begin(),
[](char c1,char c2){ return toupper(c1) == toupper(c2);});
if ( pair2.first == str1.end() ){
  cout << "str1 and str2 are equal"; // str1 and str2 are equal
}
```

Bereiche in Bereichen suchen

`std::search` sucht einen Bereich von vorne, `std::find_end` sucht einen Bereich von hinten in einem anderen Bereich. `std::search_n` hingegen sucht `n` aufeinanderfolgende Elemente in einem Bereich. Alle drei Algorithmen benötigen Forward-Iteratoren, lassen sich über ein binäres Prädikat parametrisieren und geben, sollte die Suche erfolglos gewesen sein, einen Enditerator auf den ersten Bereich zurück.

Sucht den zweiten Bereich im ersten und gibt die Position zurück:

```
FwdIt1 search(FwdIt1 first1, FwdIt1 last1, FwdIt2 first2, FwdIt2
last2)
FwdIt1 search(FwdIt1 first1, FwdIt1 last1, FwdIt2 first2, FwdIt2
last2, BiPre pre)
```

Sucht den zweiten Bereich im ersten von hinten und gibt die Position zurück:

```
FwdIt1 find_end(FwdIt1 first1, FwdIt1 last1, FwdIt2 first2,
FwdIt2 last2)
FwdIt1 find_end(FwdIt1 first1, FwdIt1 last1, FwdIt2 first2,
FwdIt2 last2, BiPre pre)
```

Sucht `count` aufeinanderfolgende Werte im ersten Bereich:

```
FwdIt search_n(FwdIt first, FwdIt last, Size count, const T& va-
lue)
FwdIt search_n(FwdIt first, FwdIt last, Size count, const T& va-
lue, BiPre pre)
```

WARNUNG

Der Algorithmus `FwdIt search_n(FwdIt first, FwdIt last, Size count, const T& value, BiPre pre)` ist sehr eigenwillig. Das binäre Prädikat `BiPre` verwendet als erstes Argument die Werte des Bereichs und als zweites Argument `val`.

```
#include <algorithm>
...
using std::search;

std::array<int,10> arr1{0,1,2,3,4,5,6,7,8,9};
std::array<int,5> arr2{3,4,-5,6,7};

auto fwdIt= search(arr1.begin(),arr1.end(),arr2.begin(),
                                arr2.end());
if (fwdIt == arr1.end()) std::cout << "arr2 not in arr1.";
    // arr2 not in arr1.

auto fwdIt2= search(arr1.begin(),arr1.end(),arr2.begin(),
                                arr2.end(),
  [](int a, int b){ return std::abs(a) == std::abs(b);});
if ( fwdIt2 != arr1.end() ) std::cout << "arr2 at position "
```

```
<< std::distance(arr1.begin(),fwdIt2)  << " in arr1.";
// arr2 at postion 3 in arr1.
```

Modifizierende Algorithmen

C++ bietet eine Vielzahl von Algorithmen an, um Elemente und Bereiche zu modifizieren.

Elemente und Bereiche kopieren

Bereiche lassen sich mit `std::copy` vorwärts, mit `copy_backward` rückwärts und mit `std::copy_if` bedingt kopieren. Zum Kopieren von `n` Elementen bietet C++ `std::copy_n` an.

Kopiert den Bereich:

```
OutIt copy(InpIt first, InpIt last, OutIt result)
```

Kopiert `n` Elemente:

```
OutIt copy_n(InpIt first, Size n, OutIt result)
```

Kopiert die Elemente abhängig von der Bedingung `pre`:

```
OutIt copy_if(InpIt first, InpIt last, OutIt result,UnPre pre)
```

Kopiert den Bereich rückwärts:

```
BiIt copy_backward(BiIt first, BiIt last, BiIt result)
```

Die Algorithmen benötigen Input-Iteratoren als Eingabe und kopieren ihre Elemente nach `result`. Sie geben einen Enditerator auf den Zielbereich zurück.

```
#include <algorithm>
...
std::vector<int> myVec{0,1,2,3,4,5,6,7,9};
std::vector<int> myVec2(10);

std::copy_if(myVec.begin(),myVec.end(),myVec2.begin()+3,
             [](int a){ return a%2; });
for ( auto v: myVec2 ) std::cout << v << " ";
  // 0 0 0 1 3 5 7 9 00

std::string str{"abcdefghijklmnop"};
std::string str2{"---------------------"};
std::cout << str2;  // --------------------
```

```
std::copy_backward(str.begin(),str.end(),str2.end());
std::cout << str2;  // -----abcdefghijklmnop

std::cout << str;  // abcdefghijklmnop
std::copy_backward(str.begin(),str.begin() + 5, str.end());
std::cout << str; // abcdefghijkabcde
```

Elemente und Bereiche ersetzen

Mit `std::replace`, `std::replace_if`, `std::replace_copy` und `std::replace_copy_if` besitzt C++ vier Variationen, um Elemente in Bereichen zu ersetzen. Dabei unterscheiden sich die vier Algorithmen in zwei Punkten. Besitzen sie ein unäres Prädikat? Kopieren sie ihren modifizierten Bereich in einen neuen Zielbereich?

Ersetzt Elemente des Bereichs mit `new`, die den Wert `old` besitzen:

```
void replace(ForIt first, ForIt last, const T& old, const T&
new)
```

Ersetzt Elemente des Bereichs mit `new`, die das Prädikat `pred` erfüllen:

```
void replace_if(ForIt first, ForIt last, UnPred pred, const T&
new)
```

Ersetzt Elemente des Bereichs mit `new`, die den Wert `old` besitzen. Kopiert das Ergebnis nach `new`:

```
void replace_copy(InpIt first, InpIt last, OutIt result, const
T& old, const T& new)
```

Ersetzt Elemente des Bereichs mit `new`, die das Prädikat `pred` erfüllen. Kopiert das Ergebnis nach `new`:

```
void replace_copy_if(InpIt first, InpIt last, OutIt result,
UnPre pred, const T& new)
```

```
#include <algorithm>
...
std::string str{"Only for testing purpose."};

std::replace(str.begin(),str.end(),' ','1');
std::cout << str;  // Only1for1testing1purpose.
```

```
std::replace_if(str.begin(),str.end(),
                [](char c){ return c == '1';},'2');
std::cout << str;  // Only2for2testing2purpose.

std::string str2;
std::replace_copy(str.begin(),str.end(),
                  std::back_inserter(str2),'2','3');
std::cout << str2; // Only3for3testing3purpose.

std::string str3;
std::replace_copy_if(str2.begin(),str2.end(),
    std::back_inserter(str3),[](char c){ return c ==
'3';},'4');
std::cout << str3;  // Only4for4testing4purpose.
```

Elemente und Bereiche entfernen

Die vier Variationen `std::remove`, `std::remove_if`, `std::remove_copy` und `std::remove_copy_if` erlauben es zum einen, Elemente mit und ohne unäres Prädikat aus einem Bereich zu entfernen, und zum anderen, das Ergebnis der Modifikation in einen neuen Bereich zu kopieren.

Entfernt die Elemente des Bereichs, die den Wert `val` besitzen:

```
ForIt remove(ForIt first, ForIt last, const T& val)
```

Entfernt Elemente des Bereichs, die das Prädikat `pred` erfüllen:

```
ForIt remove_if(ForIt first, ForIt last, UnPred pred)
```

Entfernt Elemente des Bereichs, die den Wert `val` besitzen. Kopiert das Ergebnis nach `new`:

```
ForIt remove_copy(InpIt first, InpIt last, OutIt result, const
T& val)
```

Entfernt Elemente des Bereichs, die das Prädikat `pred` erfüllen. Kopiert das Ergebnis nach `new`:

```
ForIt remove_copy_if(InpIt first, InpIt last, OutIt result,
UnPre pred)
```

Die Algorithmen benötigen einen Input-Iterator für den Eingabebereich und einen Output-Iterator für den Ausgabebereich. Als Ergebnis geben sie einen Enditerator auf den Zielbereich zurück.

WARNUNG

Die remove-Variationen entfernen keine Elemente aus dem Bereich. Sie geben nur das neue logische Ende des Bereichs zurück. Die Größe des Containers muss explizit mit dem *erase-remove*-Idiom angepasst werden.

```
#include <algorithm>
...
std::vector<int> myVec{0,1,2,3,4,5,6,7,8,9};

auto newIt= std::remove_if(myVec.begin(),myVec.end(),
                           [](int a){ return a%2; });
for ( auto v: myVec ) std::cout << v << " ";
  //  0 2 4 6 8 5 6 7 8 9

myVec.erase(newIt,myVec.end());
for ( auto v: myVec ) std::cout << v << " ";
  //  0 2 4 6 8

std::string str{"Only for Testing Purpose."};
str.erase( std::remove_if(str.begin(),str.end(),[](char c){ re-
turn std::isupper(c);}),str.end() );
std::cout << str << std::endl;  // nly for esting urpose.
```

Bereiche füllen und erzeugen

Mit `std::fill` und `std::fill_n` lässt sich ein Bereich füllen, mit `std::generate` und `std::generate_n` neue Elemente erzeugen.

Füllt einen Bereich mit Elementen:

```
void fill(ForIt first, ForIt last, const T& val)
```

Füllt einen Bereich mit `n` Elementen:

```
OutIt fill_n(OutIt first, Size n, const T& val)
```

Erzeugt einen Bereich mit einem Generator g:

```
void generate(ForIt first, ForIt last, Generator gen)
```

Erzeugt n Elemente eines Bereichs mit einem Generator g:

```
OutIt generate_n(OutIt first, Size n, Generator gen)
```

Die Algorithmen erwarten den Wert val oder einen Generator gen als Argument. Dabei muss gen eine Funktion sein, die kein Argument besitzt und den neuen Wert als Ergebnis zurückgibt. Der Rückgabewert der Algorithmen std::fill_n und std::generate_n ist ein Ausgabe-Iterator, der auf das letzte erzeugte Element verweist.

```
#include <algorithm>
...
int getNext(){
  static int next{0};
  return ++next;
}

std::vector<int> vec(10);
std::fill(vec.begin(),vec.end(),2011);
for ( auto v: vec ) std::cout << v << " ";
// 2011 2011 2011 2011 2011 2011 2011 2011 2011 2011

std::generate_n(vec.begin(),5,getNext);
for ( auto v: vec ) std::cout << v << " ";
// 1 2 3 4 5 2011 2011 2011 2011 2011
```

Bereiche verschieben

std::move verschiebt Bereiche vorwärts, std::move_backwards rückwärts.

Verschiebt den Bereich vorwärts:

```
OutIt move(InpIt first, InpIt last, OutIt result)
```

Verschiebt den Bereich rückwärts:

```
BiIt move_backward(BiIt first, BiIt last, BiIt result)
```

Beide Algorithmen benötigen einen Ziel-Iterator result, in den der Bereich verschoben werden soll. Dies ist im Fall des std::move-Algorithmus ein Output-Iterator, im Fall des std::move_backwards-Algorithmus ein Bidirectional-Iterator. Als Ergebnis geben sie einen Output- bzw. einen Bidirectional-Iterator zurück, der auf die initiale Position im Zielbereich verweist.

WARNUNG

`std::move` und `std::move_backwards` wenden Move-Semantik an. Das heißt insbesondere, dass die Elemente des Ursprungsbereichs nach dem Aufruf der Algorithmen einen undefinierten Zustand besitzen.

```
#include <algorithm>
...
std::vector<int> myVec{0,1,2,3,4,5,6,7,9};
std::vector<int> myVec2(myVec.size());

std::move(myVec.begin(),myVec.end(),myVec2.begin());
for ( auto v: myVec2 ) std::cout << v << " ";
// 0 1 2 3 4 5 6 7 9 0

std::string str{"abcdefghijklmnop"};
std::string str2{"---------------------"};

std::move_backward(str.begin(),str.end(),str2.end());
std::cout << str2;
// -----abcdefghijklmnop
```

Bereiche vertauschen

`std::swap` und `std::swap_ranges` vertauschen Objekte und Bereiche.

Vertauscht die Objekte:

```
void swap(T& a, T& b)
```

Vertauscht die Bereiche:

```
swap_ranges(ForIt1 first1, ForIt1 last1, ForIt first2)
```

Der Rückgabeiterator `ForIt` verweist auf das letzte vertauschte Element im Zielbereich.

WARNUNG

Die Bereiche dürfen sich nicht überlappen.

```
#include <algorithm>
...
std::vector<int> myVec{0,1,2,3,4,5,6,7,9};
std::vector<int> myVec2(9);

std::swap(myVec,myVec2);
for ( auto v: myVec ) std::cout << v << " ";
  // 0 0 0 0 0 0 0 0 0
for ( auto v: myVec2 ) std::cout << v << " ";
  // 0 1 2 3 4 5 6 7 9

std::string str{"abcdefghijklmnop"};
std::string str2{"---------------------"};

std::swap_ranges(str.begin(),str.begin()+5,str2.begin()+5);
std::cout << str << std::endl;
  // -----fghijklmnop
std::cout << str2 << std::endl;
  //  -----abcde-----------
```

Bereiche transformieren

Die `std::transform`-Algorithmen transformieren Bereiche mit einer unären bzw. binären aufrufbaren Einheit und kopieren die transformierten Elemente in den Zielbereich.

Transformiert die Elemente eines Eingabebereichs mit der unären aufrufbaren Einheit `fun` und kopiert das Ergebnis nach `result`:

```
OutIt transform(InpIt first1, InpIt last1,
                OutIt result, UnFun fun)
```

Transformiert die Elemente der beiden Eingabebereiche mit der binären aufrufbaren Einheit `fun` und kopiert das Ergebnis nach `result`:

```
OutIt transform(InpIt1 first1, InpIt1 last1,
                InpIt2 first2, OutIt result,
                BiFun fun)
```

Während die erste Variante des Algorithmus die einzelnen Elemente transformiert, verarbeitet die zweite Variante jeweils ein Element aus beiden Bereichen und kopiert es in den Zielbereich. Der Rückgabeiterator `OutIt` verweist auf die Position nach dem letzten transformierten Element.

```
#include <algorithm>
...
std::string str{"abcdefghijklmnopqrstuvwxyz"};
std::transform(str.begin(),str.end(),str.begin(),
               [](char c){ return std::toupper(c); });
std::cout << str; // ABCDEFGHIJKLMNOPQRSTUVWXYZ

std::vector<std::string> vecStr{"Only","for","testing","purpo-
se","."};
std::vector<std::string> vecStr2(5,"-");
std::vector<std::string> vecRes;
std::transform(vecStr.begin(),vecStr.end(),
   vecStr2.begin(),
   std::back_inserter(vecRes),
   [](std::string a, std::string b){ return std::string(b)+a+b;
});
for ( auto str: vecRes ) std::cout << str << " ";
  // -Only- -for- -testing- -purpose- -.-
```

Bereiche umdrehen

`std::reverse` und `std::reverse_copy` drehen die Reihenfolge ihrer Elemente in einem Bereich um.

Dreht die Reihenfolge der Elemente in dem Bereich um:

```
void reverse(BiIt first, BiIt last)
```

Dreht die Reihenfolge der Elemente in dem Bereich um und kopiert das Ergebnis nach `result`:

```
OutIt reverse_copy(BiIt first, BiIt last, OutIt result)
```

Beide Algorithmen benötigen Bidirectional-Iteratoren. Der Rückgabeiterator `OutIt` verweist auf die initiale Position des Ausgabebereichs `result`, bevor die Elemente kopiert wurden.

```
#include <algorithm>
...
std::string str{"123456789"};
std::reverse(str.begin(),str.begin()+5);
std::cout << str;  // 543216789
```

Bereiche rotieren

`std::rotate` und `std::rotate_copy` rotieren ihre Elemente.

Rotiert die Elemente so, dass `middle` das neue erste Element wird:

```
void rotate(ForIt first, ForIt middle, ForIt last)
```

Rotiert die Elemente so, dass `middle` das neue erste Element in `result` wird:

```
OutIt rotate_copy(ForIt first, ForIt middle, ForIt last, OutIt
result)
```

Beide Algorithmen benötigen Forward-Iteratoren. Der Rückgabeiterator `OutIt` ist ein Enditerator auf den kopierten Bereich.

```
#include <algorithm>
...
std::string str{"12345"};

for ( auto i= 0; i < str.size(); ++i){
  std::string tmp{str};
  std::rotate(tmp.begin(), tmp.begin()+i , tmp.end());
  std::cout << tmp << " ";
} // 12345 23451 34512 45123 51234
```

Bereiche zufällig neu ordnen

Mit `std::random_shuffle` und `std::shuffle` lassen sich Bereiche zufällig neu ordnen.

Ordnet die Elemente eines Bereichs zufällig neu an:

```
void random_shuffle(RanIt first, RanIt last)
```

Ordnet die Elemente eines Bereichs mit der aufrufbaren Einheit `gen` zufällig neu an:

```
void random_shuffle(RanIt first, RanIt last, RanNumGen&& gen)
```

Ordnet die Elemente eines Bereichs mit dem Zufallsgenerator `gen` zufällig neu an:

```
void shuffle(RanIt first, RanIt last, URNG&& gen)
```

Die Algorithmen benötigen Random-Access-Iteratoren. Während `RanNumGen&& gen` eine aufrufbare Einheit sein muss, die ein Argument annimmt und eines zurückgibt, ist `URNG&& gen` ein *Uniform Random Number Generator*.

Ziehen Sie std::shuffle std::random_shuffle vor

std::random_shuffle ist in C++14 *deprecated*, da die C-Funktion rand zum Einsatz kommen kann.

```
#include <algorithm>
...
using std::chrono::system_clock::now
using std::default_random_engine;

std::vector<int> vec1{0,1,2,3,4,5,6,7,8,9};
std::vector<int> vec2(vec1);

unsigned seed= now().time_since_epoch().count();

std::random_shuffle(vec1.begin(),vec1.end());
for ( auto v:  vec1 ) std::cout << v << " ";
  // 4 3 7 8 0 5 2 1 6 9

std::shuffle(vec2.begin(),vec2.end(),default_random_engine
(seed));
for ( auto v: vec2 ) std::cout <<  v << " ";
  // 4 0 2 3 9 6 5 1 8 7
```

Durch das seed wird der Zufallsgenerator initialisiert.

Duplikate entfernen

Mit std::unique und std::unique_copy bietet C++ mehrere Möglichkeiten an, benachbarte Duplikate zu entfernen. Dies ist mit und ohne binäres Prädikat möglich.

Entfernt benachbarte Elemente:

```
ForIt unique(ForIt first, ForIt last)
```

Entfernt benachbarte Elemente, die das binäre Prädikat pre erfüllen:

```
ForIt unique(ForIt first, ForIt last, BiPred pre)
```

Entfernt benachbarte Elemente und kopiert das Ergebnis nach result:

```
OutIt unique_copy(InpIt first, InpIt last, OutIt result)
```

Entfernt benachbarte Elemente, die das binäre Prädikat pre erfüllen, und kopiert das Ergebnis nach result:

```
OutIt unique_copy(InpIt first, InpIt last, OUtIt result, BiPred
pre)
```

WARNUNG

Die unique-Algorithmen geben nur die logische Position des Bereichs zurück. Die Elemente müssen mit dem *erase-remove*-Idiom entfernt werden.

```
#include <algorithm>
...
std::vector<int> myVec{0,0,1,1,2,2,3,4,4,5,3,6,7,8,1,3,3,8,8,9};

myVec.erase( std::unique(myVec.begin(),myVec.end()),my-
Vec.end());
for ( auto v: myVec ) std::cout << v << " ";
  // 0 1 2 3 4 5 3 6 7 8 1 3 8 9

std::vector<int> myVec2{1,4,3,3,3,5,7,9,2,4,1,6,8,
                        0,3,5,7,8,7,3,9,2,4,2,5,7,3};
std::vector<int> resVec;
resVec.reserve(myVec2.size());
std::unique_copy(myVec2.begin(),myVec2.end(),
                 std::back_inserter(resVec),
                 [](int a, int b){return (a%2)==(b%2);} );

for( auto v: myVec2 ) std::cout << v << " ";
  // 1 4 3 3 3 5 7 9 2 4 1 6 8 0 3 5 7 8 7 3 9 2 4 2 5 7 3
for( auto v: resVec ) std::cout << v << " ";
  //  1 4 3 2 1 6 3 8 7 2 5
```

Partitionierungen

Was ist eine Partition?

Eine Partition einer Menge ist eine Zerlegung dieser Menge in Teilmengen, sodass jedes Element der Menge in genau einer Teilmenge enthalten sein muss. Diese Teilmengen werden in

C++ durch ein unäres Prädikat definiert, sodass in der ersten Gruppe genau die Elemente sind, die das Prädikat erfüllen. Die zweite Gruppe enthält die verbleibenden Elemente.

C++ bietet einige Funktionen rund um Partitionen an. Alle benötigen ein unäres Prädikat pre als Partitionskriterium. So partitionieren `std::partition` und `std::stable_partition` einen Bereich und geben den Partitionspunkt zurück. Dieser Partitionspunkt einer Partition lässt sich auch direkt mit `std::partition_point` ermitteln. Die Partition lässt sich anschließend mit `std::is_partitioned` prüfen oder auch mit `std::partition_copy` kopieren.

Stellt fest, ob ein Bereich partitioniert ist:

```
bool is_partitioned(InpIt first, InpIt last, UnPre pre)
```

Partitioniert einen Bereich:

```
ForIt partition(ForIt first, ForIt last, UnPre pre)
```

Partitioniert einen Bereich (stabil):

```
BiIt stable_partition(ForIt first, ForIt last, UnPre pre)
```

Kopiert eine Partition in zwei Bereiche:

```
pair<OutIt,OutIt> partition_copy(InIt first, InIt last,
                                 OutIt result_true, OutIt
                                 result_false, UnPre pre)
```

Ermittelt den Partitionspunkt:

```
ForIt partition_point(ForIt first, ForIt last, UnPre pre)
```

Eine `std::stable_partition` sichert im Gegensatz zu einer `std::partition` zu, dass deren Elemente die relative Ordnung ihrer Elemente respektiert. Die Rückgabeiteratoren `ForIt` und `BiIt` verweisen auf die initiale Position in der zweiten Gruppe der Partition. Das Paar `std::pair<OutIt,OutIt>` des Algorithmus `std::partition_copy` enthält den Enditerator von `result_true` und von `result_false`. Das Verhalten von `std::partition_point` ist undefiniert, falls der Bereich nicht partitioniert ist.

```
#include <algorithm>
...
```

```
using namespace std;

bool isOdd(int i){ return (i%2)==1; }

vector<int> vec{1,4,3,4,5,6,7,3,4,5,6,0,4,
                8,4,6,6,5,8,8,3,9,3,7,6,4,8};
auto parPoint= partition(vec.begin(),vec.end(),isOdd);

for ( auto v: vec ) cout << v << " ";
//  1 7 3 3 5 9 7 3 3 5 5 0 4 8 4 6 6 6 8 8 4 6 4 4 6 4 8
for ( auto v= vec.begin(); v != parPoint; ++v) cout << *v << "
";
//  1 7 3 3 5 9 7 3 3 5 5
for ( auto v= parPoint; v != vec.end(); ++v) cout << *v << " ";
//  4 8 4 6 6 6 8 8 4 6 4 4 6 4 8

cout << is_partitioned(vec.begin(),vec.end(),isOdd); // true

list<int> le;
list<int> ri;
partition_copy(vec.begin(),vec.end(), back_inserter(li),
    back_inserter(de),[](int i) { return i < 5; });

for ( auto v: le ) cout << v << " ";
//  1 3 3 3 3 0 4 4 4 4 4 4
for ( auto v: ri ) cout << v << " ";
//  7 5 9 7 5 5 8 6 6 6 8 8 6 6 8
```

Sortieren

Bereiche lassen sich mit `std::sort` bzw. `std::stable_sort` ganz oder auch mit `std::partial_sort` bis zu einer Position sortieren. `std::partial_sort_copy` kopiert darüber hinaus noch den zum Teil sortierten Bereich. Einzelnen Elementen eines Bereichs erlaubt `std::nth_element`, die richtige Position im Bereich zuzuweisen. Ob ein Bereich sortiert ist, lässt sich mit `std::is_sorted` prüfen, bis zu welcher Position, mit `std::is_sorted_until`.

Per Default wird das vordefinierte Funktionsobjekt `std::less` zum Sortieren verwendet. Jeder der Algorithmen kann aber über ein eigenes Sortierkriterium angepasst werden. Dieses muss der *Strict Weak Ordering* (siehe Tipp Seite 78) genügen.

Sortiert die Elemente eines Bereichs:

```
void sort(RaIt first, RaIt last)
void sort(RaIt first, RaIt last, BiPre pre)
```

Sortiert die Elemente eines Bereichs (stabil):

```
void stable_sort(RaIt first, RaIt last)
void stable_sort(RaIt first, RaIt last, BiPre pre)
```

Sortiert die Elemente eines Bereichs teilweise bis ausschließlich `middle`:

```
void partial_sort(RaIt first, RaIt middle, RaIt last)
void partial_sort(RaIt first, RaIt middle, RaIt last, BiPre pre)
```

Sortiert die Elemente eines Bereichs teilweise bis ausschließlich `middle` und kopiert sie in den Zielbereich `result_first` und `result_last`:

```
RaIt partial_sort_copy(InIt first, InIt last,RaIt result_first,
RaIt result_last)
RaIt partial_sort_copy(InIt first, InIt last,RaIt result_first,
RaIt result_last, BiPre pre)
```

Stellt fest, ob ein Bereich sortiert ist:

```
bool is_sorted(ForIt first, ForIt last)
bool is_sorted(ForIt first, ForIt last, BiPre pre)
```

Gibt die Position auf das erste Element zurück, das das Sortierkriterium nicht erfüllt:

```
ForIt is_sorted_until(ForIt first, ForIt last)
ForIt is_sorted_until(ForIt first, ForIt last, BiPre pre)
```

Stellt den Bereich so um, dass das `nth`-Element an seiner richtigen Position (sortierten) steht:

```
void nth_element(RaIt first, RaIt nth, RaIt last)
void nth_element(RaIt first, RaIt nth, RaIt last, BiPre pre)
```

```
#include <algorithm>
...
std::string str{"RUdAjdDkaACsdfjwldXmnEiVSEZTiepfgOIkue"};
std::cout <<  std::is_sorted(str.begin(),str.end());  // false

std::partial_sort(str.begin(),str.begin()+30,str.end());
std::cout << str; // AACDEEIORSTUVXZaddddeeffgiijjkwspnmluk
auto sortUntil=  std::is_sorted_until(str.begin(),str.end());
```

```
std::cout << *sortUntil;  // s
for ( auto charIt= str.begin(); charIt != sortUntil; ++charIt )
      std::cout << *charIt;
  // AACDEEIORSTUVXZaddddeeffgiijjkw

std::vector<int> vec{1,0,4,3,5};
auto vecIt= vec.begin();
while( vecIt != vec.end() ){
  std::nth_element(vec.begin(), vecIt++, vec.end());
  std::cout << std::distance(vec.begin(),vecIt) << "-th ";
  for ( auto v: vec ) std::cout << v << "/";
}
  // 1-th 01435/2-th 01435/3-th 10345/4-th 30145/5-th 10345
```

Binäres Suchen

In einem sortierten Bereich lässt sich schnell nach einem Wert mit `std::binary_search` suchen. `std::lower_bound` gibt einen Iterator auf das erste Element zurück, das nicht kleiner als der vorgegebene Wert ist, `std::upper_bound` gibt einen Iterator auf das erste Element zurück, das größer als der vorgegebene Wert ist. `std::equal_range` kombiniert beide Algorithmen.

Besitzt der Container n Elemente, sind im Durchschnitt $\log_2 (n)$ Vergleiche für die Suche notwendig. Die binäre Suche setzt voraus, dass die Suche mit dem gleichen Vergleichskriterium durchgeführt wird, mit dem auch der Bereich sortiert ist. Das binäre Prädikat, das per Default `std::less` ist, kann angepasst werden. Ein eigenes Suchkriterium muss der *Strict Weak Ordering* (siehe Tipp Seite 78) genügen. Sonst ist das Ergebnis der binären Suche nicht definiert.

Für die geordneten assoziativen Container (siehe Seite 77) sind in der Regel deren Memberfunktionen performanter.

Sucht das Element `val` in dem Bereich:

```
bool binary_search(ForIt first, ForIt last, const T& val)
bool binary_search(ForIt first, ForIt last, const T& val, BiPre
pre)
```

Gibt die Position des ersten Elements des Bereichs zurück, das nicht kleiner als `val` ist:

```
ForIt lower_bound(ForIt first, ForIt last, const T& val)
ForIt lower_bound(ForIt first, ForIt last, const T& val, BiPre
pre)
```

Gibt die Position des ersten Elements des Bereichs zurück, das größer als val ist:

```
ForIt upper_bound(ForIt first, ForIt last, const T& val)
ForIt upper_bound(ForIt first, ForIt last, const T& val, BiPre
pre)
```

Gibt das Paar std::lower_bound und std::upper_bound zu dem Element val zurück:

```
pair<ForIt, ForIt> equal_range(ForIt first, ForIt last, const T&
val)
pair<ForIt, ForIt> equal_range(ForIt first, ForIt last, const T&
val, BiPre pre)
```

```
#include <algorithm>
...
using namespace std;

bool isLessAbs(int a, int b){
  return abs(a) < abs(b);
}

vector<int> vec{-3,0,-3,2,-3,5,-3,7,-0,6,-3,5,
                -6,8,9,0,8,7,-7,8,9,-6,3,-3,2};

sort(vec.begin(),vec.end(),isLessAbs);
for ( auto v: vec ) cout << v << " ";
   // 0 0 0 2 2 -3 -3 -3 -3 -3 3 -3 5 5 -6 -6 6 7 -7 7 8 8 8 9
9

cout << binary_search(vec.begin(),vec.end(),-5,isLessAbs);
// true
cout << binary_search(vec.begin(),vec.end(),5,isLessAbs);
// true

auto pair= equal_range(vec.begin(),vec.end(),3,isLessAbs);

cout << distance(vec.begin(),pair.first); // 5
cout << distance(vec.begin(),pair.second)-1;  // 11
for (auto threeIt= pair.first;threeIt != pair.second;++threeIt)
     cout << *threeIt << " ";
  // -3 -3 -3 -3 -3 3 -3
```

Merge-Operationen

Merge-Operationen ermöglichen es, sortierte Bereiche in einen neuen sortierten Bereich zu transformieren. Die Algorithmen setzen voraus, dass die Bereiche und die Algorithmen das gleiche binäre Prädikat als Sortieralgorithmus verwenden. Andernfalls stellen Merge-Operationen undefiniertes Verhalten dar. Per Default wird `std::less` verwendet. Ein eigenes Suchkriterium muss der *Strict Weak Ordering* (siehe Tipp Seite 78) genügen.

Zwei sortierte Bereiche lassen sich durch `std::inplace_merge` bzw. `std::merge` in einem sortierten Bereich vereinigen. Ob alle Elemente eines sortierten Bereichs in einem anderen sortierten Bereich enthalten sind, beantwortet `std::includes`. Mit `std::set_difference`, `std::set_intersection`, `std::set_symmetric_difference` und `std::set_union` lassen sich zwei sortierte Bereiche in einen neuen sortierten Bereich transformieren.

Führt zwei sortierte Teilbereiche [first,mid) und [mid,last) *in_place* zusammen:

```
void inplace_merge(BiIt first, BiIt mid, BiIt last)
void inplace_merge(BiIt first, BiIt mid, BiIt last, BiPre pre)
```

Führt zwei sortierte Teilbereiche zusammen und kopiert sie in den dritten Bereich `OutIt`:

```
OutIt merge(InpIt first1, InpIt last1,
            InpIt first2, InpIt last2, OutIt result)
OutIt merge(InpIt first1, InpIt last1,
            InpIt first2, InpIt last2, OutIt result, BiPre pre)
```

Stellt fest, ob alle Elemente des zweiten Bereichs im ersten Bereich enthalten sind.

```
bool includes(InpIt first1, InpIt last1, InpIt first2, InpIt
last2)
bool includes(InpIt first1, InpIt last1, InpIt first2, InpIt
last2, BinPre pre)
```

Kopiert die Elemente des ersten Bereichs, die nicht im zweiten Bereich enthalten sind, nach `OutIt`:

```
OutIt set_difference(InpIt first1, InpIt last1, InpIt first2,
InpIt last2, OutIt result)
OutIt set_difference(InpIt first1, InpIt last1, InpIt first2,
InpIt last2, OutIt result, BiPre pre)
```

Bestimmt die Schnittmenge des ersten mit dem zweiten Bereich und kopiert das Ergebnis nach `OutIt`:

```
OutIt set_intersection(InpIt first1, InpIt last1, InpIt first2,
InpIt last2, OutIt result)
OutIt set_intersection(InpIt first1, InpIt last1, InpIt first2,
InpIt last2, OutIt result, BiPre pre
```

Bestimmt die symmetrische Differenz beider Bereiche und kopiert das Ergebnis nach `OutIt`:

```
OutIt set_symmetric_difference(InpIt first1, InpIt last1, InpIt
first2, InpIt last2, OutIt result)
OutIt set_symmetric_difference(InpIt first1, InpIt last1, InpIt
first2, InpIt last2, OutIt result, BiPre pre
```

Bestimmt die Vereinigungsmenge beider Bereiche und kopiert das Ergebnis nach `OutIt`:

```
OutIt set_union(InpIt first1, InpIt last1, InpIt first2, InpIt
last2, OutIt result)
OutIt set_union(InpIt first1, InpIt last1, InpIt first2, InpIt
last2, OutIt result, BiPre pre)
```

Der Ausgabeiterator ist am Ende der Operation ein Enditerator im Zielbereich `OutIt`. Der Zielbereich von `set::set_difference` enthält alle Elemente, die im ersten, aber nicht im zweiten sortierten Bereich enthalten sind. `std_symmetric_difference` hingegen enthält all die Elemente, die nur in einem der sortierten Bereiche enthalten ist. `std::set_union` ermittelt die Vereinigung beider sortierten Bereiche.

```
#include <algorithm>
...
std::vector<int> vec1{1,1,4,3,5,8,6,7,9,2};
std::vector<int> vec2{1,2,3};

std::sort(vec1.begin(),vec1.end());
std::vector<int> vec(vec1);

vec1.reserve(vec1.size() + vec2.size());
vec1.insert(vec1.end(),vec2.begin(),vec2.end());
for ( auto v: vec1 ) std::cout << v << " ";
```

```
  // 1 1 2 3 4 5 6 7 8 9 1 2 3

std::inplace_merge(vec1.begin(),vec1.end()-vec2.si-
ze(),vec1.end());
for ( auto v: vec1 ) std::cout << v << " ";  //
vec2.push_back(10);

for ( auto v: vec ) std::cout <<  v << " "; // 1 1 2 3 4 5 6 7 8
9
for ( auto v: vec2 ) std::cout << v << " "; // 1 2 3 10

res={};
std::set_symmetric_difference(vec.begin(),vec.end(),vec2.be-
gin(),vec2.end(),
                          std::back_inserter(res));
for ( auto v : res ) std::cout << v << " ";
  // 1 4 5 6 7 8 9 10

std::vector<int> res;
std::set_union(vec.begin(),vec.end(),vec2.begin(),vec2.end(),
           std::back_inserter(res));
for ( auto v : res ) std::cout << v << " ";
   // 1 1 2 3 4 5 6 7 8 9 10
```

Heap

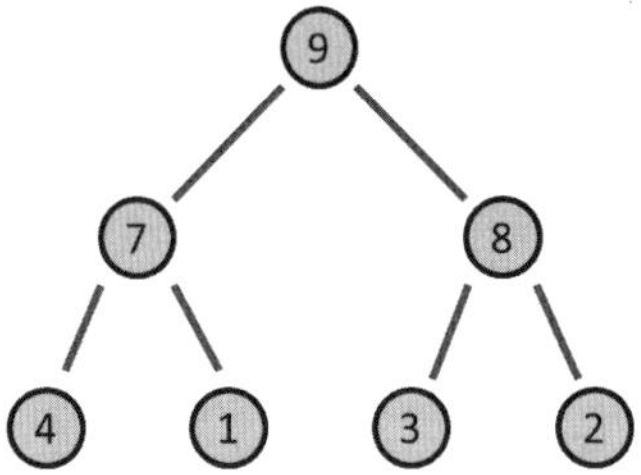

Was ist ein Heap?

Ein Heap ist ein binärer Suchbaum, bei dem das Elternelement immer größer als seine Kindelemente ist. Heap-Bäume sind für das effiziente Sortieren von Elementen optimiert.

Ein Heap lässt sich mit `std::make_heap` erzeugen. Neue Elemente können mit `std::push_heap` auf einen Heap geschoben bzw. mit `std::pop_heap` von einem Heap entfernt werden. Dabei bleiben die Heap-Eigenschaften erhalten, die sich für den ganzen Heap mit `std::is_heap` und für einen Teilbereich mit `std::is_heap_until` prüfen lassen. Mit `std::sort_heap` lässt sich ein Heap sortieren.

Die Heap-Algorithmen setzen voraus, dass die Bereiche und die Algorithmen das gleiche binäre Prädikat als Sortieralgorithmus verwenden. Sonst ist das Verhalten der Algorithmen undefiniert. Per Default kommt `std::less` zum Einsatz. Das Sortierkriterium lässt sich aber anpassen. Dazu muss es der *Strict Weak Ordering* (siehe Tipp Seite 78) genügen.

Erzeugt einen Heap aus einem Bereich:

```
void make_heap(RaIt first, RaIt last)
void make_heap(RaIt first, RaIt last, BiPre pre)
```

Stellt fest, ob ein Bereich die Heap-Eigenschaften besitzt:

```
bool is_heap(RaIt first, RaIt last)
bool is_heap(RaIt first, RaIt last, BiPre pre)
```

Stellt fest, bis zu welcher Position ein Bereich die Heap-Eigenschaften besitzt:

```
RaIt is_heap_until(RaIt first, RaIt last)
RaIt is_heap_until(RaIt first, RaIt last, BiPre pre)
```

Sortiert den Heap:

```
void sort_heap(RaIt first, RaIt last)
void sort_heap(RaIt first, RaIt last, BiPre pre)
```

Schiebt das letzte Element auf den Heap. Dabei muss [first,last-1) bereits ein Heap sein:

```
void push_heap(RaIt first, RaIt last)
void push_heap(RaIt first, RaIt last, BiPre pre)
```

Entfernt ein Element von dem Heap:

```
void pop_heap(RaIt first, RaIt last)
void pop_heap(RaIt first, RaIt last, BiPre pre)
```

Durch std::pop_heap wird das größte Element des Heaps entfernt:

```
#include <algorithm>
...
std::vector<int> vec{4,3,2,1,5,6,7,9,10};

std::make_heap(vec.begin(),vec.end());
for ( auto v: vec ) std::cout << v << " ";
  //  10 9 7 4 5 6 2 3 1
std::cout << std::is_heap(vec.begin(),vec.end());  // true

vec.push_back(100);
std::cout << std::is_heap(vec.begin(),vec.end());  // false
std::cout << *std::is_heap_until(vec.begin(),vec.end());  // 100
for ( auto v: vec ) std::cout << v << " ";
  // 10 9 7 4 5 6 2 3 1 100

std::push_heap(vec.begin(),vec.end());
std::cout << std::is_heap(vec.begin(),vec.end()); // true
for ( auto v: vec ) std::cout << v << " ";
  // 100 10 7 4 9 6 2 3 1 5

std::pop_heap(vec.begin(),vec.end());
for ( auto v: vec ) std::cout << v << " ";
  // 10 9 7 4 5 6 2 3 1 100

std::cout << *std::is_heap_until(vec.begin(),vec.end()); // 100
vec.resize(vec.size()-1);
std::cout << std::is_heap(vec.begin(),vec.end());  // true
std::cout << vec.front() << std::endl; // 10
```

Min und Max

Mit std::min_element, std::max_element und std::minmax_element lassen sich sowohl minimale und maximale Elemente als auch beide Extremelemente in einem Bereich bestimmen. Alle Algorithmen können über ein binäres Prädikat angepasst werden.

Gibt das minimale Element eines Bereichs zurück:

```
ForIt min_element(ForIt first, ForIt last)
ForIt min_element(ForIt first, ForIt last, BinPre pre)
```

Gibt das maximale Element eines Bereichs zurück:

```
ForIt max_element(ForIt first, ForIt last)
ForIt max_element(ForIt first, ForIt last, BinPre pre)
```

Gibt das Paar, bestehend aus dem minimalen und dem maximalen Element eines Bereichs, zurück:

```
pair<ForIt, ForIt> minmax_element(ForIt first, ForIt last)
pair<ForIt, ForIt> minmax_element(ForIt first, ForIt last,
BinPre pre)
```

Besitzt der Bereich mehrere minimale oder maximale Elemente, wird das erste zurückgegeben.

```
#include <algorithm>
...
int toInt(const std::string& s){
  std::stringstream buff;
  buff.str("");
  buff << s;
  int value;
  buff >> value;
  return value;
}

std::vector<std::string> myStrings{"94","5","39","-4","-49",
 "1001","-77","23","0","84","59","96","6","-94","87"};

auto str= std::minmax_element(myStrings.begin(),myStrings.
end());
std::cout << *str.first << ":" << *str.second;  // -4:96

auto asInt= std::minmax_element(myStrings.begin(),myStrings.
end(),
  [](std::string a, std::string b){ return toInt(a) <
toInt(b);});
 std::cout << *asInt.first << ":" << *asInt.second;  // -94:1001
```

Permutationen

`std::prev_permutation` und `std::next_permutation` geben die nächstkleinere bzw. nächstgrößere Permutation zurück, indem sie den Bereich umsortieren. Falls diese nicht existiert, ist der Rückgabewert der

Algorithmen false. Beide Algorithmen agieren auf Bidirectional-Iteratoren.

Per Default wird std::less als Vergleichsoperator verwendet. Kommt ein eigener Vergleichsoperator zum Einsatz, muss dieser die *Strict Weak Ordering* (siehe Tipp Seite 78) erfüllen.

Gibt die vorherige Permutation des Bereichs zurück:

```
bool prev_permutation(BiIt first, BiIt last)
bool prev_permutation(BiIt first, BiIt last, BiPred pre))
```

Gibt die nächste Permutation des Bereichs zurück:

```
bool next_permutation(BiIt first, BiIt last)
bool next_permutation(BiIt first, BiIt last, BiPred pre)
```

```
#include <algorithm>
...
std::vector<int> myInts{1,2,3};

do{
  for ( auto i: myInts ) std::cout << i;
  std::cout << " ";
} while( std::next_permutation(myInts.begin(),myInts.end()) );
// 123 132 213 231 312 321

std::reverse(myInts.begin(),myInts.end());

do{
  for ( auto i: myInts ) std::cout << i;
  std::cout << " ";
} while( std::prev_permutation(myInts.begin(),myInts.end()) );
// 321 312 231 213 132 123
```

Numerik

Mit std::accumulate, std::adjacent_difference, std::partial_sum, std::inner_product und std::iota besitzt C++ einen Satz Algorithmen, die in der Header-Datei <numeric> deklariert sind. Da diese Algorithmen mit einer binären aufrufbaren Einheit angepasst werden können, besitzen sie einen sehr weiten Einsatzbereich.

Akkumuliert die Werte eines Bereichs mit `init` als Startwert:

```
T accumulate(InpIt first, InpIt last, T init)
T accumulate(InpIt first, InpIt last, T init, BinFunc fun)
```

Berechnet den Unterschied von benachbarten Werten und weist ihn `result` zu:

```
OutIt adjacent_difference(InpIt first, InpIt last, OutIt result)
OutIt adjacent_difference(InpIt first, InpIt last, OutIt result,
BiFun fun)
```

Berechnet die partielle Summe eines Bereichs:

```
OutIt partial_sum(InpIt first, InpIt last, OutIt result)
OutIt partial_sum(InpIt first, InpIt last, OutIt result, BiFun
fun)
```

Berechnet das innere Produkt (Skalarprodukt) zweier Bereiche und gibt das Ergebnis in `T` zurück:

```
T inner_product(InpIt first1, InpIt last2, OutIt first2, T init)
T inner_product(InpIt first1, InpIt last2, OutIt first2, T init,
BiFun fun1, BiFun fun2)
```

Weist jedem Element eines Bereichs um `val` ansteigende Werte zu. Der Startwert ist `val`:

```
void iota(ForIt first, ForIt last,T val)
```

`std::adjacent_difference` geht nach folgender Strategie vor:

```
*(result)   = *first;
*(result+1) = *(first+1) - *(first);
*(result+2) = *(first+2) - *(first+1);
...
```

`std::partial_sum` wendet diese Strategie an:

```
*(result)   = *first;
*(result+1) = *first + *(first+1);
*(result+2) = *first + *(first+1) + *(first+2)
...
```

Die anspruchsvolle Algorithmusvariation `inner_product(InpIt, InpIt, OutIt, T, BiFun fun1, BiFun fun2)` mit zwei binären aufrufbaren Einheiten `fun1` und `fun2` wendet `fun2` auf die Paare der Bereiche und `fun1` auf das Anhäufen der Ergebnisse an.

```
#include <numeric>
...
std::array<int,9> arr{1,2,3,4,5,6,7,8,9};

std::cout << std::accumulate(arr.begin(),arr.end(),0);  // 45
std::cout << std::accumulate(arr.begin(),arr.end(),1,
            [](int a, int b){ return  a*b;} );  //  362880

std::vector<int> vec{1,2,3,4,5,6,7,8,9};
std::vector<int> myVec;

std::adjacent_difference(vec.begin(),vec.end(),
    std::back_inserter(myVec),[](int a, int b){ return a*b; });
for ( auto v: myVec) std::cout << v << " ";
  // 1 2 6 12 20 30 42 56 72
std::cout << std::inner_product(vec.begin(),vec.end(),arr.be-
gin(),0);
  //  285

myVec={};
std::partial_sum(vec.begin(),vec.end(),std::back_inserter(my-
Vec));
for ( auto v: myVec) std::cout << v << " ";
  // 1 3 6 10 15 21 28 36 45

std::vector<int> myLongVec(10);
std::iota(myLongVec.begin(),myLongVec.end(), 2000);

for ( auto v: myLongVec) std::cout << v << " ";
  //  2000 2001 2002 2003 2004 2005 2006 2007 2008 2009
```

KAPITEL 11

Numerik

Neben den numerischen Funktionen, die C++ von C geerbt hat, besitzt C++ die Zufallszahlenbibliothek.

Zufallszahlen

Zufallszahlen werden in vielen Bereichen benötigt, sei es zum Testen der Software, für das Erzeugen von kryptografischen Schlüsseln oder für Computerspiele. Die Zufallszahlenfunktionalität von C++ besteht aus zwei Komponenten. Das ist zum einen die Erzeugung der Zufallszahlen und zum anderen die Verteilung der Zufallszahlen. Beide Komponenten benötigen die Header-Datei `<random>`.

Zufallszahlenerzeuger

Der Zufallszahlenerzeuger erzeugt einen Zufallszahlenstrom zwischen einem Minimum- und einem Maximumwert. Dieser Zufallszahlenstrom wird durch einen sogenannten `seed` initialisiert, um eine Folge verschiedener Zufallszahlen zu erzeugen.

```
#include <random>
...
std::random_device seed;
std::mt19937 gen(seed());
```

Ein Zufallszahlenerzeuger `gen` vom Typ `Generator` unterstützt vier Anfragetypen:

`Generator::result_type`
: Datentyp der erzeugten Zufallszahlen.

`gen()`
: Rückgabe einer Zufallszahl

`gen.min()`
: Minimaler Wert, der von `gen()` zurückgegeben wird.

`gen.max()`
: Maximaler Wert, der von `gen()` zurückgegeben wird.

Die Zufallszahlenbibliothek bietet mehrere Zufallszahlenerzeuger an. Die bekanntesten sind der Mersenne Twister, die von der Implementierung ausgewählte `std::default_random_engine` und `std::random_device`. `std::random_device` ist der einzige nicht deterministische Zufallszahlenerzeuger. Dieser echte Zufallszahlenerzeuger steht aber nicht auf jeder Plattform zu Verfügung.

Zufallszahlenverteilung

Die Zufallszahlenverteilung bildet die Zufallszahlen mithilfe des Zufallszahlenerzeugers `gen` auf die verwendete Verteilung ab.

```
#include <random>
...
std::random_device seed;
std::mt19937 gen(seed());

std::uniform_int_distribution<> unDis(0,20); // Verteilung zwi-
schen 0 und 20
unDis(gen);  // erzeugt eine Zufallszahl
```

C++ kennt mehrere diskrete und kontinuierliche Zufallszahlenverteiler. Die diskreten Zufallszahlenverteiler erzeugen Ganzzahlen, die kontinuierlichen Fließkommazahlen:

```
class bernoulli_distribution;
template<class T = int> class uniform_int_distribution;
template<class T = int> class binomial_distribution;
template<class T = int> class geometric_distribution;
template<class T = int> class negative_binomial_distribution;
template<class T = int> class poisson_distribution;
template<class T = int> class discrete_distribution;
template<class T = double> class exponential_distribution;
template<class T = double> class gamma_distribution;
template<class T = double> class weibull_distribution;
template<class T = double> class extreme_value_distribution;
```

```
template<class T = double> class normal_distribution;
template<class T = double> class lognormal_distribution;
template<class T = double> class chi_squared_distribution;
template<class T = double> class cauchy_distribution;
template<class T = double> class fisher_f_distribution;
template<class T = double> class student_t_distribution;
template<class T = double> class piecewise_constant_distribu-
tion;
template<class T = double> class piecewise_linear_distribution;
template<class T = double> class uniform_real_distribution;
```

Klassen-Templates mit einem Default-Template-Argument `int` sind diskret. Die Bernoulli-Verteilung erzeugt nur Wahrheitswerte.

Zum Abschluss noch ein Beispiel, bei dem der Mersenne Twister `std::mt19937` als Pseudo-Zufallszahlenerzeuger verwendet wird, um 1 Million Zufallszahlen zu erzeugen. Dieser Zufallszahlenstrom wird anschließend gleich- und normalverteilt.

```
#include <random>
...
static const int NUM=1000000;

std::random_device seed;
std::mt19937 gen(seed());

// min= 0; max= 20
std::uniform_int_distribution<> uniformDist(0,20);
// mean= 50; sigma= 8
std::normal_distribution<> normDist(50,8);

std::map<int,int> uniformFrequency;
std::map<int,int> normFrequency;

for ( int i=1; i<= NUM; ++i){
  ++uniformFrequency[uniformDist(gen)];
  ++normFrequency[round(normDist(gen))];
}
```

Die folgenden Abbildungen zeigen die Gleich- und die Normalverteilung der 1 Million Zufallszahlen als Plot.

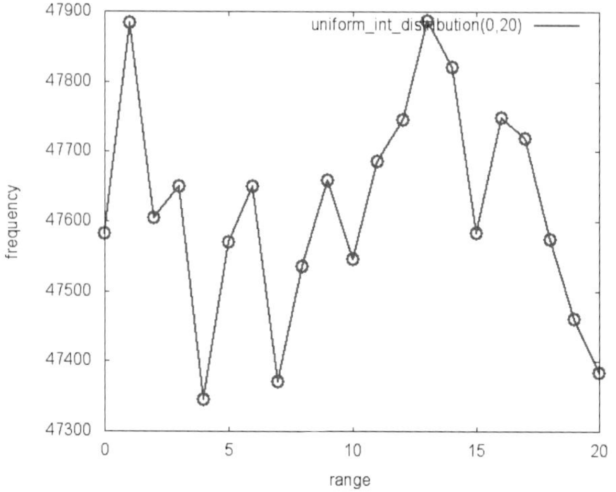
uniform_int_distribution(0,20)
frequency
range

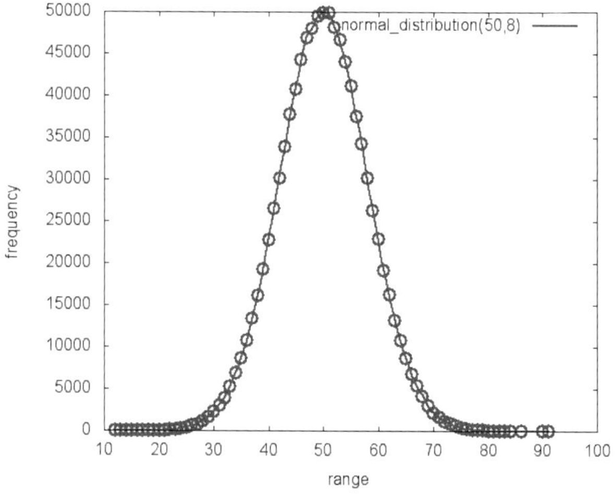
normal_distribution(50,8)
frequency
range

Numerische Funktionen von C

C++ hat viele numerische Funktionen von C geerbt. Tabelle 11-1 stellt die Namen der Funktionen vor. Diese benötigen die Header-Datei <cmath>.

Tabelle 11-1: Mathematische Funktionen in <cmath>

pow	sin	tanh	asinh	fabs
exp	cos	asin	aconsh	fmod
sqrt	tan	acos	atanh	frexp
log	sinh	atan	ceil	ldexp
log10	cosh	atan2	floor	modf

Daneben erbt C++ noch weitere mathematische Funktionen, die in der Header-Datei <cstdlib> definiert sind. Tabelle 11-2 stellt sie in der Übersicht dar.

Tabelle 11-2: Mathematische Funktionen in <cstdlib>

abs	llabs	ldiv	srand
labs	div	lldiv	rand

Alle Funktionen für Ganzzahlen sind für int, long und long long vorhanden, die für Fließkommazahlen für die Typen float, double und long double.

Für die Verwendung der numerischen Funktionen ist der std-Namensraum notwendig.

```
#include <cmath>
#include <cstdlib>
...
std::cout << std::pow(2,10);    // 1024
std::cout << std::pow(2,0.5);   // 1.41421
std::cout << std::exp(1);       // 2.71828
std::cout << std::ceil(5.5);    // 6
std::cout std::floor(5.5);      // 5
std::cout << std::fmod(5.5,2);  // 1.5

double intPart;
auto fracPart= std::modf(5.7,&intPart);
std::cout << intPart << " + " << fracPart;  // 5 + 0.7
```

```
std::div_t divresult= std::div(14,5);
std::cout << divresult.quot << " " << divresult.rem;  // 2 4

// seed
std::srand(time(nullptr));
for (int i=0;i < 10;++i) std::cout << (rand()%6 + 1) << " ";
  // 3 6 5 3 6 5 6 3 1 5
```

KAPITEL 12
Strings

Ein String ist eine Folge von Buchstaben. C++ enthält einen reichen Satz an Methoden, um diesen zu analysieren und zu modifizieren. Strings ersetzen die C-Strings `const char*` auf eine sichere Weise. Strings benötigen die Header-Datei `<string>`.

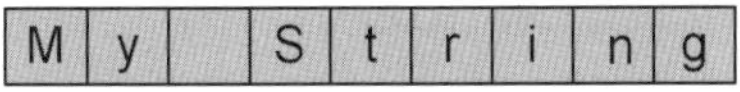

Ein String ist einem std::vector sehr ähnlich

Ein String verhält sich wie ein `std::vector`, der Zeichen enthält. Er bietet ein sehr ähnliches Interface an. Das heißt insbesondere, dass für einen String nicht nur dessen Methoden zu Verfügung stehen, sondern auch die Algorithmen der Standard Template Library (Kapitel 10, *Algorithmen* (siehe Seite 105)).

So erhält das kleine Codebeispiel einen Namen der Form `RainerGrimm` in dem String `name`, bestimmt mit dem STL-Algorithmus `std::find_if` den Großbuchstaben und extrahiert anschließend den Vornamen und den Nachnamen in die Variablen `firstName` und `lastName`. Schön ist an dem Ausdruck `name.begin()+1` zu sehen, dass Strings Random-Access-Iteratoren anbieten:

```
std::string name{"RainerGrimm"};
auto strIt=std::find_if(name.begin()+1,name.end(),
                        [](char c){ return std::isup-
per(c); });
if ( strIt != name.end() ){
```

```
        firstName=std::string(name.begin(),strIt);
        lastName= std::string(strIt,name.end());
    }
```

Strings sind Klassen-Templates, die über ihre Zeichen, ihren Umgang mit Zeichen und ihren Allocator parametrisiert sind. Für die letzten beiden Template-Parameter existieren Default-Werte.

```
template <typename charT,
          typename traits= char_traits<charT>,
      typename Allocator= allocator<charT> >
class basic_string;
```

Für die Zeichentypen `char`, `wchar_t`, `char16_t` und `char32_t` sind Synonyme definiert.

```
typedef basic_string<char> string;
typedef basic_string<wchar_t> wstring;
typedef basic_string<char16_t> u16string;
typedef basic_string<char32_t> u32string;
```

std::string ist der String

Wenn in C++ von einem String gesprochen wird, ist in 99 % der Fälle die Spezialisierung des `std::basic_string` für den Zeichentyp `char` gemeint. Diese Aussage gilt auch für dieses Buch.

Erzeugen und Löschen

C++ bietet einen reichen Satz an Methoden an, um C++-Strings aus C++-Strings und C-Strings zu erzeugen (Tabelle 12-1). Unter der Decke ist bei der Initialisierung eines C++-Strings immer ein C-String involviert. Dies ändert sich erst mit C++14, da der neue C++-Standard C++-Stringliterale kennt: `std::string str{"string literal"s}`. Der C-Stringliteral `"string literal"` wird durch das Anhängen des Buchstabens s zum C++-Stringliteral: `"string literal"s`.

Tabelle 12-1: Erzeugen und Löschen von Strings

Typ	Beispiel
Default	`std::string str`
Kopieren eines C++-Strings	`std::string str(oth)`
Verschieben eines C++-Strings	`std::string str(std::move(oth))`
Erzeugen aus dem Bereich eines C++-Strings	`std::string(oth.begin(), oth.end())`
Teilstring aus einem C++-String	`std::string(oth,otherIndex)`
Teilstring aus einem C++-String	`std::string(oth,otherIndex, strlen)`
Direkt aus einem C-String	`std::string str("c-string")`
Aus einem C-Array	`std::string str("c-array",len)`
Aus Zeichen	`std::string str(num,'c')`
Aus einer Initialisiererliste	`std::string str({'a','b','c','d'})`
Aus einem Substring	`str= other.substring(3,10)`
Destruktor	`str.~string()`

```
#include <string>
...
std::string defaultString;
std::string other{"123456789"};

std::string str1(other);                          // 123456789
std::string tmp(other);                           // 123456789
std::string str2(std::move(tmp));                 // 123456789
std::string str3(other.begin(),other.end()); // 123456789
std::string str4(other,2);                        // 3456789
std::string str5(other,2,5);                      // 34567

std::string str6("123456789",5);             // 12345
std::string str7(5,'1');                     // 11111
std::string str8({'1','2','3','4','5'});     // 12345

std::cout << str6.substr();                  // 12345
std::cout << str6.substr(1);                 // 2345
std::cout << str6.substr(1,2);    // 23
```

Konvertierungen zwischen C++-Strings und C-Strings

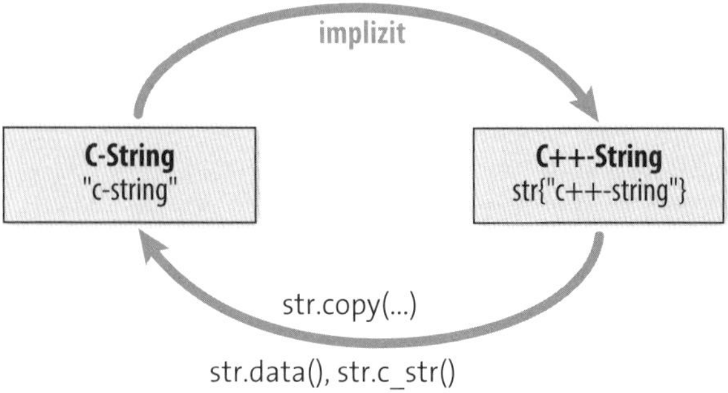

Während die Konvertierung eines C-Strings in einen C++-String implizit geschieht, muss die Konvertierung eines C++-Strings `str` in einen C-String explizit angefordert werden. `str.copy` kopiert den Inhalt des C++-Strings ohne abschließendes `\0`-Endzeichen, `std.data()` und `std.c_str` respektieren hingegen das End-of-String-Zeichen.

WARNUNG

Der Rückgabewert der zwei Methoden `std.data()` und `std.c_str` ist nur so lange gültig, solange `str` nicht modifiziert wurde.

```
#include<string>
...
std::string str{"C++-String"};
str += " C-String";
std::cout << str;  // C++-String C-String

const char* cString= str.c_str();

char buffer[10];
str.copy(buffer,10);
```

```
str+= "works";
// const char* cString2= cString;  // ERROR

std::string str2(buffer,buffer+10);
std::cout<< str2;  // C++-String
```

size versus capacity

Die Anzahl der Elemente, die ein String `str` besitzt (`str.size()`), ist in der Regel kleiner als die Anzahl der Elemente, die für einen String reserviert sind: `str.capacity()`. Daher führt eine Vergrößerung eines `std::string` nicht automatisch zu einer neuen teuren Anforderung von Speicher. `str.max_size()` gibt Auskunft darüber, wie viele Zeichen ein String maximal besitzen kann. Für die drei Methoden gilt die Relation: `str.size() <= str.capacity() <= str.max_size()`.

Tabelle 12-2 stellt die Methoden von `std::string` rund um seine Speicherverwaltung vor:

Tabelle 12-2: Größenverwaltung eines std::string

Methode	Beschreibung
`str.empty()`	Stellt fest, ob der `str` Zeichen besitzt.
`str.size()` `str.length()`	Anzahl der Elemente von `str`.
`str.capacity()`	Anzahl der Elemente, die `str` ohne Reallocation besitzen kann.
`str.max_size()`	Anzahl der Elemente, die ein String `str` besitzen kann.
`str.resize(n)`	`str` wird auf `n` Elemente vergrößert.
`str.reserve(n)`	Speicher für `n` Elemente für `str` wird reserviert.
`str.shrink_to_fit()`	Passt die Kapazität des Strings `str` an seine Größe (`str.size()`) an.

```
#include <string>
...
void showStringInfo(const std::string& s){
  std::cout << s << ": ";
  std::cout << s.size() << " ";
  std::cout << s.capacity() << " ";
```

```
    std::cout << s.max_size() << " ";
}

std::string str;
showStringInfo(str);
//  "": 0 0 4611686018427387897

str +="12345";
showStringInfo(str);
//  "12345": 5 5 4611686018427387897

str.resize(30);
showStringInfo(str);
//  "12345": 30 30 4611686018427387897

str.reserve(1000);
showStringInfo(str);
//  "12345": 30 1000 4611686018427387897

str.shrink_to_fit();
showStringInfo(str);
//  "12345": 30 30 4611686018427387897
```

Vergleiche

Strings unterstützen die bekannten Vergleichsoperatoren `==`, `!=`, `<`, `>`, `<=`, `>=`. Dabei findet der Vergleich zweier Strings auf deren Elementen statt.

```
#include <string>
...
std::string first{"aaa"};
std::string second{"aaaa"};

std::cout << (first < first) << std::endl;   // false
std::cout << (first <= first) << std::endl;  // true
std::cout << (first < second) << std::endl; // true
```

Stringkonkatenation

Für Strings ist der +-Operator überladen. Damit können C++-Strings *zusammenaddiert* werden.

WARNUNG

Das C++-Typsystem erlaubt es nur, dass C++-Strings und C-Strings zu C++-Strings hinzuaddiert werden, da der +-Operator nur für C++-Strings überladen ist. Das führt dazu, dass lediglich die zweite Zeile gültiges C++ ist, da in diesem Fall der C-String explizit in einen C++-String konvertiert wird:

```
std::string wrong= "1" + "1";  // ERROR
std::string right= std::string("1") + "1";  // 11
```

Elementzugriff

Der Zugriff auf die Elemente eines Strings `str` ist sehr komfortabel, unterstützt er doch Random-Access-Iteratoren. So lässt sich mit `str.front()` oder `str.back()` auf das erste oder letzte Zeichen des Strings zugreifen, so erlaubt `str[n]` bzw. `str.at(n)` den Indexzugriff. Selbst Zeigerarithmetik der Form `&str[i] == &str[0]+i` ist möglich.

Tabelle 12-3 stellt die Möglichkeiten des Elementzugriffs eines Strings in der Übersicht dar.

Tabelle 12-3: Elementzugriff eines std::string

Methode	Beschreibung
`str.front()`	Gibt das erste Zeichen des Strings `str` zurück.
`str.back()`	Gibt das letzte Zeichen des Strings `str` zurück.
`str[n]`	Gibt das `n`-te Zeichen des Strings `str` zurück. Die Stringgrenzen werden nicht geprüft.
`str.at(n)`	Gibt das `n`-te Zeichen des Strings `str` zurück. Die Stringgrenzen werden geprüft. Gegebenenfalls wird eine `std::out_of_range`-Ausnahme erzeugt.

```
#include <string>
...
std::string str= {"0123456789"};
std::cout << str.front() << std::endl;  // 0
std::cout << str.back() << std::endl;   // 9
```

```
for (int i=0; i <= 3; ++i){
  std::cout << "str[" << i  << "]:" << str[i] << ";  ";
} // str[0]: 0;  str[1]: 1;  str[2]: 2;  str[3]: 3;

std::cout << str[10] << std::endl; // Undefined Behaviour

try{
  str.at(10);
}
catch (const std::out_of_range& e){
  std::cerr << "Exception: " <<  e.what() << std::endl;
}  // Exception: basic_string::at

std::cout << *(&str[0]+5) << std::endl;  // 5
std::cout << *(&str[5]) << std::endl;    // 5
std::cout << str[5] << std::endl;        // 5
```

Besonders interessant an dem Beispiel ist es, dass der Aufruf `str[10]` vom Compiler ausgeführt wird. Der Zugriff über die Indexgrenzen hinaus stellt *Undefined Behaviour* dar. Im konkreten Fall steht kein Wert an dieser Speicherstelle.

Ein- und Ausgabe

Ein String kann mit dem Eingabeoperator `Operator >>` von einem Eingabestream lesen und mit dem Ausgabeoperator `Operator <<` auf einen Ausgabestream schreiben.

Die globale Funktion `getline` ermöglicht es, zeilenweise bis zum End-of-File-Zeichen einen Eingabestream zu lesen.

Die `getline`-Funktion existiert in vier Variationen. Die ersten zwei Argumente sind immer der Eingabestream `is` und der String `line`, in der die eingelesene Zeile zur Verfügung steht. Optional lässt sich noch der Zeilenseparator angeben. Die Funktion gibt den Eingabestream per Referenz zurück.

```
istream& getline (istream&  is, string& line, char delim);
istream& getline (istream&& is, string& line, char delim);
istream& getline (istream&  is, string& line);
istream& getline (istream&& is, string& line);
```

getline konsumiert die ganze Zeile inklusive Leerzeichen ein. Lediglich den Zeilenseparator ignoriert die Funktion. Die Funktion getline benötigt die Header-Datei <string>.

```
#include <string>
...
std::vector<std::string> readFromFile(const char* fileName){
  std::ifstream file(fileName);
  if ( !file ){
    std::cerr << "Could not open the file " << fileName << ".";
    exit(EXIT_FAILURE);
  }
  std::vector<std::string> lines;
  std::string line;
  while ( getline(file , line) ) lines.push_back(line);
  return lines;
}

std::string fileName;
std::cout << "Your filename: ";
std::cin >> fileName;

std::vector<std::string> lines=readFromFile(fileName.c_str());

int num{0};
for ( auto line: lines )
     std::cout << ++num << ": " <<  line <<  std::endl;
```

Das Programm gibt die Zeilen einer beliebigen Datei mit ihrer Zeilennummer aus. Der Name der Datei wird durch den Ausdruck std::cin >> fileName eingelesen. In der Funktion readFromFile werden alle Dateizeilen mit der Funktion getline eingelesen und auf den Vektor lines geschoben.

Suchen

C++ erlaubt das Suchen in Strings in vielen Variationen. Jede Variation bietet noch mehrere überladene Varianten an.

Suchen heißt find

Die vielen Variationen, in einem String zu suchen, beginnen alle mit dem Namen find. Sie geben im Erfolgsfall den Index der

Suche vom Typ std::string::size_type zurück, im Fehlerfall die Konstante std::string::npos. Das erste Zeichen besitzt den Index 0.

Die find-Algorithmen erlauben:

- ein Zeichen, einen C-String oder einen C++-String zu suchen,
- ein Zeichen aus einem C-String oder einem C++-String zu suchen,
- vorwärts und rückwärts zu suchen,
- positiv (ist enthalten) oder negativ (ist nicht enthalten) in Mengen zu suchen,
- an einer beliebigen Stelle im String die Suche zu starten.

Die Argumente aller sechs Variationen in Tabelle 12-4 folgen einer ähnlichen Struktur. Das erste Argument stellt den zu suchenden Text dar, das zweite die Anfangsposition, ab der der Text im String gesucht werden soll, und das dritte, wie viele Zeichen die Suche von der Anfangsposition startend umfassen soll.

Tabelle 12-4: find-Variationen des Strings

Methode	**Beschreibung**
`str.find(...)`	Gibt die erste Position eines Zeichens, eines C- oder C++-Strings in `str` zurück.
`str.rfind(...)`	Gibt die letzte Position eines Zeichens, eines C- oder C++-Strings in `str` zurück.
`str.find_first_of(...)`	Gibt die erste Position eines Zeichens aus einem C- oder C++-String in `str` zurück.
`str.find_last_of(...)`	Gibt die letzte Position eines Zeichens aus einem C- oder C++-String in `str` zurück.
`str.find_first_not_of(...)`	Gibt die erste Position eines Zeichens zurück, das nicht aus einem C- oder C++-String in `str` ist.
`str.find_last_not_of(...)`	Gibt die letzte Position eines Zeichens zurück, das nicht aus einem C- oder C++-String in `str` ist.

```
#include <string>
...
std::string str;
auto idx= str.find("no");
```

```
if (idx == std::string::npos) std::cout << "not found";// not
found

str={"dkeu84kf8k48kdj39kdj74945du942"};
std::string str2{"84"};

std::cout << str.find('8');      // 4
std::cout << str.rfind('8');     // 11
std::cout << str.find('8',10);   // 11
std::cout << str.find(str2);     // 4
std::cout << str.rfind(str2);    // 4
std::cout << str.find(str2,10);  // 18446744073709551615

str2="0123456789";

std::cout << str.find_first_of("678");      // 4
std::cout << str.find_last_of("678");       // 20
std::cout << str.find_first_of("678",10);   // 11
std::cout << str.find_first_of(str2);       // 4
std::cout << str.find_last_of(str2);        // 29
std::cout << str.find_first_of(str2,10);    // 10

std::cout << str.find_first_not_of("678");      // 0
std::cout << str.find_last_not_of("678");       // 29
std::cout << str.find_first_not_of("678",10);   // 10
std::cout << str.find_first_not_of(str2);       // 0
std::cout << str.find_last_not_of(str2);        // 26
std::cout << str.find_first_not_of(str2,10);    // 12
```

Der Aufruf von `std.find(str2,10)` gibt `std::string::npos` zurück. Wird diese Konstante ausgegeben, ergibt das auf meiner Plattform `18446744073709551615`.

Modifizierende Operationen

Strings bieten viele Operationen an, um sie zu modifizieren. So lässt sich mit `str.assign` einem String ein neuer String zuweisen, lassen sich mit `str.swap` zwei Strings tauschen und mit `str.pop_back`, `str.erase` Zeichen eines Strings entfernen. `str.clear` und `str.erase` löschen hingegen den ganzen String. Durch `+=` `str.append` und `str.push_back` werden neue Zeichen an einen String angehängt, mit `str.insert` werden neue Zeichen eingefügt und mit `str.replace` Zeichen ersetzt.

Tabelle 12-5 stellt die verschiedenen Operationen genauer vor.

Tabelle 12-5: Modifizierende Operationen des Strings

Methode	Beschreibung
`str=str2`	Weist `str` `str2` zu.
`str.assign(...)`	Weist `str` einen neuen String zu.
`str.swap(str2)`	Tauscht die Strings `str` und `str2`.
`str.pop_back()`	Entfernt das letzte Zeichen von `str`.
`str.erase(...)`	Löscht Zeichen von `str`.
`str.clear()`	Leert den String `str`.
`str.append(...)`	Hängt Zeichen an den String `str` an.
`str.push_back(s)`	Hängt das Zeichen `s` an den String an.
`str.insert(pos,...)`	Fügt Zeichen in den String `str` ab `pos` ein.
`str.replace(pos,len,...)`	Ersetzt die `len` Zeichen des Strings `str` ab der Position `pos`.

Die Operationen gibt es in vielen überladenen Versionen. Die Methoden `str.assign`, `str.append`, `str.insert` und `str.replace` sind sehr ähnlich. Alle vier Methoden können C++-Strings und C++-Teilstrings als Argumente annehmen und verarbeiten, aber auch Zeichen, C-Strings, C-String-Arrays, Bereiche und Initialisiererlisten. `str.erase` kann ein einzelnes Zeichen, Bereiche, aber auch mehrere Zeichen ab einer Position entfernen.

Das Beispiel stellt viele der Versionen vor. Der Einfachheit halber sind nur die Effekte der Stringmodifikationen dargestellt:

```
#include <strin>
...
std::string str{"New String"};          //
std::string str2{"Other String"};
str.assign(str2,4,std::string::npos);   // r String

str.assign(5,'-');                      // -----

str={"0123456789"};
str.erase(7,2);                         // 01234569
str.erase(str.begin()+2,str.end()-2);   // 012
str.erase(str.begin()+2,str.end());     // 01
str.pop_back();                         // 0
str.erase();                            //
```

```
str={01234}
str+="56";                 // 0123456
str+='7';                  // 01234567
str+={'8','9'};            // 0123456789
str.append(str);           // 01234567890123456789
str.append(str,2,4);       // 012345678901234567892345
str.append(3,'0');         // 012345678901234567892345000
str.append(str,10,10);  //
0123456789012345678923450000123456 7989
str.push_back('9');        //
01234567890123456789234500001234567 9899

str={"345"};
str.insert(3,"6789");      // 3456789
str.insert(0,"012");       // 0123456789

str={"only for testing purpose."};
str.replace(0,0,"0");           // Only for testing purpose.
str.replace(0,5,"Only",0,4);    // Only for testing purpose.

str.replace(16,8,"");           // Only for testing.
str.replace(4,0,5,'y');         // Onlyyyyyy for testing.
str.replace(str.begin(),str.end(),"Only for testing purpose.");

  // Only for testing purpose.
str.replace(str.begin()+4,str.end()-8,10,'#');
  // Only#############purpose.
```

Numerische Konvertierungen

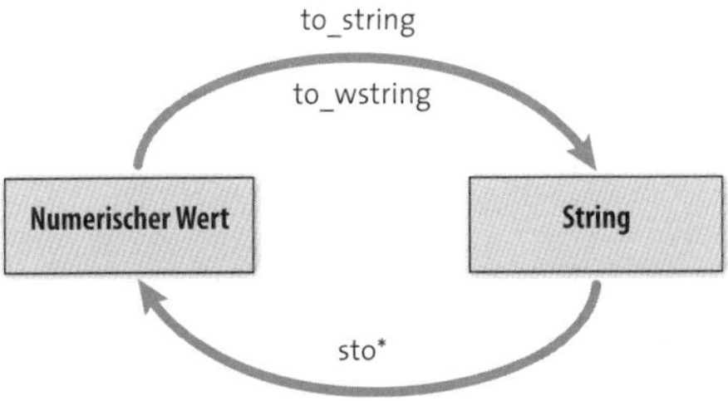

Mit den Funktionen std::to_string(val) und std::to_wstring(val) können Ganzzahlen und Fließkommazahlen in die entsprechenden

Stringtypen `std::string` oder `std::wstring` konvertiert werden. Für die entgegengesetzte Richtung stellt C++ die Funktionsfamilie der `sto*`-Funktionen für jeden Ganz- und Fließkommazahltyp zur Verfügung. Alle Konvertierungsfunktionen benötigen die Header-Datei `<string>`.

Lesen Sie sto* als string to

Die sieben Funktionsvariationen, um einen String in eine Ganz- oder Fließkommazahl zu konvertieren, folgen einer einfachen Namenskonvention. Sie beginnen alle mit `sto` und fügen weitere Buchstaben an, die für den Typ stehen, in den der String konvertiert werden soll. So steht `stol` für *string to long* oder `stod` für *string to double*.

Die `sto*` -Funktionen besitzen alle das gleiche Interface. Das Beispiel stellt dies exemplarisch für den Typ `int` dar.

```
std::stol(str, idx= nullptr, base= 10)
```

Die Funktion nimmt einen String an und ermittelt ihre `long`-Darstellung zur Basis `base`. Dabei ignoriert sie führende Leerzeichen und gibt optional den Index des ersten ungültigen Zeichens in `idx` zurück. Per Default ist die Basis 10. Gültige Werte für die Basis sind 0 und 2 bis 36. Ist die Basis 0, ermittelt der Compiler die Basis der Zahl aufgrund des Formats der Zeichensequenz. Ist die Basis größer als 10, werden die Buchstaben a bis z zur Darstellung der verbleibenden Ziffern verwendet. Diese Darstellung erfolgt analog zur Darstellung von Hexadezimal Zahlen.

Tabelle 12-6 zeigt alle Konvertierungsfunktionen in der Übersicht.

Tabelle 12-6: Numerische Konvertierungen von Strings.

Funktion	Beschreibung
`std::to_string(val)`	Konvertiert `val` in einen String.
`std::to_wstring(val)`	Konvertiert `val` in einen Wide-String.
`std::stoi(str)`	Gibt einen `int`-Wert zurück.
`std::stol(str)`	Gibt einen `long`-Wert zurück.
`std::stoll(str)`	Gibt einen `long long`-Wert zurück.

Tabelle 12-6: Numerische Konvertierungen von Strings. (Fortsetzung)

Funktion	Beschreibung
`std::stoul(str)`	Gibt einen `unsigned long`-Wert zurück.
`std::stoull(str)`	Gibt einen `unsigned long long`-Wert zurück.
`std::stof(str)`	Gibt einen `float`-Wert zurück.
`std::stod(str)`	Gibt einen `double`-Wert zurück.
`std::stold(str)`	Gibt einen `long double`-Wert zurück.

Die Funktionen können eine `std::invalid_argumente`-Ausnahme auslösen, wenn die angeforderte Konvertierung nicht möglich ist, sie können eine `std::out_of_range`-Ausnahme auslösen, wenn der ermittelte Wert nicht im angegebenen Zieltyp dargestellt werden kann.

```
#include <string>
...
std::string maxLongLongString=
           std::to_string(std::numeric_limits<long
long>::max());
 std::wstring maxLongLongWstring=
           std::to_wstring(std::numeric_limits<long
long>::max());

std::cout << std::numeric_limits<long long>::max();
                                    // 9223372036854775807
std::cout << maxLongLongString;     // 9223372036854775807
std::wcout <<  maxLongLongWstring;  // 9223372036854775807

std::string str("10010101");
std::cout << std::stoi(str);                // 10010101
std::cout << std::stoi(str,nullptr,16);     // 268501249
std::cout << std::stoi(str,nullptr,8);      // 2101313
std::cout << std::stoi(str,nullptr,2);      // 149

std::size_t idx;
std::cout << std::stod("   3.5 km",&idx);  // 3.5
std::cout << idx;                           // 6

try{
  std::cout << std::stoi("   3.5 km") << std::endl;   // 3
  std::cout << std::stoi("   3.5 km",nullptr,2) << std::endl;
```

```
}
catch (const std::exception& e){
  std::cerr <<  e.what() << std::endl;
}  // stoi
```

KAPITEL 13
Reguläre Ausdrücke

Reguläre Ausdrücke bilden eine Beschreibungssprache für Zeichenmuster. Die C++-Funktionalität benötigt die Header-Datei `<regex>`. Reguläre Ausdrücke sind ein mächtiges Werkzeug für folgende Aufgaben:

- Entspricht der Text dem Zeichenmuster: `std::regex_match`
- Suche ein Zeichenmuster in einem Text: `std::regex_search`
- Ersetze ein Zeichenmuster in einem Text: `std::regex_replace`
- Iteriere über alle Zeichenmuster in einem Text: `std::regex_iterator` und `std::regex_token_iterator`

C++ unterstützt sechs verschiedene Grammatiken, in denen sich die regulären Ausdrücke beschreiben lassen. Per Default wird die ECMAScript-Grammatik verwendet. Diese ist die mächtigste der sechs Grammatiken und ist der von Perl 5 verwendeten Grammatik sehr ähnlich. Die fünf weiteren Grammatiken sind die basic-, die extended-, die awk-, die grep- und die egrep-Grammatik.

Verwenden Sie Raw-String-Literale in regulären Ausdrücken

Um den Text `C++` mithilfe eines regulären Ausdrucks in C++ zu beschreiben, ist das verwirrende `"C\\+\\+"` notwendig. Dies zum einen, um das Pluszeichen als Sonderzeichen im regulären Ausdruck mit einem Backslash zu maskieren, und zum anderen, um diesen Backslash selbst als Sonderzeichen im String mit einem Backslash zu maskieren. Im zweiten Ausdruck ist dank des Raw-Stringliterals das Maskieren des Backslashs im String nicht notwendig:

```
std::string regExpr("C\\+\\+");
std::string regExprRaw(R"(C\+\+)");
```

Der Umgang mit regulären Ausdrücken erfolgt typischerweise in drei Schritten:

1. Erklärt den regulären Ausdruck:

   ```
   std::string text="C++ or c++.";
   std::string regExpr(R"(C\+\+)");
   std::regex rgx(regExpr);
   ```

2. Enthält das Ergebnis der Suche:

   ```
   std::smatch result;
   std::regex_search(text,result,rgx);
   ```

3. Verarbeitet das Suchergebnis weiter:

   ```
   std::cout << result[0] << std::endl;
   ```

Zeichentypen

Der Typ des Texts bestimmt den Zeichentyp des regulären Ausdrucks, des Suchergebnisses und der Aktion.

Tabelle 13-1: Numerische Konvertierungen von Strings

Text	Regulärer Ausdruck	Ergebnis	Aktion
`const char*`	`std::regex`	`std::smatch`	`std::regex_search`
`std::string`	`std::regex`	`std::smatch`	`std::regex_search`
`const wchar_t*`	`std::wregex`	`std::wcmatch`	`std::wregex_search`
`std::wstring`	`std::wregex`	`std::wsmatch`	`std::wregex_search`

Das Programmbeispiel im Abschnitt »Suchen«, Seite 167, zu regulären Ausdrücken stellt die vier Kombinationen genauer vor.

Reguläre-Ausdrücke-Objekte

Objekte vom Typ regulärer Ausdruck sind Instanzen des Klassen-Templates `template <class charT, class traits= regex_traits <charT>> class basic_regex;`, die über ihren Zeichentyp und die

Traits-Klasse parametrisiert werden. Die Traits-Klasse legt dabei fest, wie das Objekt Eigenschaften der regulären Grammatik interpretiert. In C++ sind zwei Typsynonyme vordefiniert:

```
typedef basic_regex<char> regex;
typedef basic_regex<wchar_t> wregex;
```

Das Objekt vom Typ regulärer Ausdruck kann noch weiter parametrisiert werden. So lässt sich die verwendete Grammatik explizit spezifizieren oder auch Modifikationen der Syntax angegeben. Als unterstützten Grammatiken stehen dem Default ECMAScript die basic-, extended-, awk- und egrep Grammatiken zur Verfügung. Durch `std::regex_constants::icase` wird der reguläre Ausdruck *case insensitive* . Wird eine Modifikation der Syntax angegeben, muss auch die Grammatik explizit spezifiziert werden.

```
#include <regex>
...
using std::regex_constants::ECMAScript;
using std::regex_constants::icase;

std::string theQuestion="C++ or c++, that's the question.";
std::string regExprStr(R"(c\+\+)");

std::regex rgx(regExprStr);
std::smatch smatch;
if (std::regex_search(theQuestion,smatch,rgx)){
  std::cout << "case sensitive: " << smatch[0];     // c++
}

std::regex rgxIn(regExprStr,ECMAScript|icase);
if (std::regex_search(theQuestion,smatch,rgxIn)){
   std::cout << "case insensitive: " << smatch[0];  // C++
}
```

Wird der *case sensitive* reguläre Ausdruck `rgx` verwendet, ist das Ergebnis der Suche der String `c++` im Text `theQuestion`. Dies gilt nicht für den regulären Ausdruck `rgxIn`, denn dieser ist *case insensitive* und ermittelt als Treffer den String `C++`.

Das Suchergebnis match_results

Das Objekt vom Typ `std::match_results` stellt das Ergebnis eines `std::regex_match`- oder `std::regex_search`-Aufrufs zur Verfügung.

Dabei ist das std::match_results-Objekt ein sequenzieller Container, der mindestens eine Erfassungsgruppe als std::sub_match-Objekt enthält. std::sub_match-Objekte sind Sequenzen von Zeichen.

Was ist eine Erfassungsgruppe?

In regulären Ausdrücken erlauben Erfassungsgruppen, die durch runde Klammern definiert sind, das Suchergebnis weiter zu strukturieren und damit das Ergebnis genauer zu analysieren. Der reguläre Ausdruck ((a+)(b+)(c+)) enthält die vier Erfassungsgruppen ((a+)(b+)(c+)), (a+), (b+) und (c+). Der Gesamttreffer ist die 0-te Erfassungsgruppe.

Für vier Suchergebnisse vom Typ std::match_results bringt C++ bereits die Typsynonyme mit:

```
typedef match_results<const char*> cmatch;
typedef match_results<const wchar_t*> wcmatch;
typedef match_results<string::const_iterator> smatch;
typedef match_results<wstring::const_iterator> wsmatch;
```

Für das Suchergebnis std::smatch smatch bietet C++ ein reiches Interface an (Tabelle 13-2).

Tabelle 13-2: Das std::match_results-Objekt

Methode	Beschreibung
smatch.size()	Gibt die Anzahl der Erfassungsgruppen zurück.
smatch.empty()	Gibt zurück, ob das Suchergebnis eine Erfassungsgruppe besitzt.
smatch[i]	Gibt die i-te Erfassungsgruppe zurück.
smatch.length(i)	Gibt die Länge der i-ten Erfassungsgruppe zurück.
smatch.position(i)	Gibt die Position der i-ten Erfassungsgruppe zurück.
smatch.str(i)	Gibt die i-te Erfassungsgruppe als String zurück.
smatch.prefix() und smatch.suffix	Gibt die Zeichenkette vor und nach der i-ten Erfassungsgruppe zurück.
smatch.begin() und smatch.end()	Gibt den Anfangs- und Enditerator auf die Erfassungsgruppen zurück.
smatch.format(...)	Formatiert smatch-Objekte für die Ausgabe (siehe *In diesem Buch werden nur Manipulatoren als Formatspecifier verwendet* (siehe Tipp Seite 178)).

Das Programm zeigt die Ausgabe der ersten vier Erfassungsgruppen für verschiedene reguläre Ausdrücke.

```
#include<regex>
using namspace std;

void showCaptureGroups(const string& regEx, const string& text){
  regex rgx(regEx);
  smatch smatch;

  if (regex_search(text,smatch,rgx)){
    regEx << text << smatch[0] << " " << smatch[1]
           << " "<< smatch[2] << " " << smatch[3];
  }
}

showCaptureGroups("abc+","abccccc");
showCaptureGroups("(a+)(b+)","aaabccc");
showCaptureGroups("((a+)(b+))","aaabccc");
showCaptureGroups("(ab)(abc)+","ababcabc");
...
reg Expr         text  smatch[0] smatch[1] smatch[2] smatch[3]
abc+             abccccc   abccccc

(a+)(b+)(c+)     aaabccc   aaabccc     aaa        b        ccc
((a+)(b+)(c+))   aaabccc   aaabccc     aaabccc    aaa      b
(ab)(abc)+       ababcabc  ababcabc    ab         abc
```

std::sub_match

Die Erfassungsgruppen sind vom Typ std::sub_match. In bekannter Manier definiert C++ bereits vier Typsynonyme:

```
typedef sub_match<const char*> csub_match;
typedef sub_match<const wchar_t*> wcsub_match;
typedef sub_match<string::const_iterator> ssub_match;
typedef sub_match<wstring::const_iterator> wssub_match;
```

Jede Erfassungsgruppe cap lässt sich weiter analysieren.

Tabelle 13-3: Das std::sub_match-Objekt

Methode	Beschreibung
cap.matched()	Zeigt an, ob die Erfassungsgruppe einen Treffer ergab.
cap.first() und cap.end()	Gibt den Anfangs- und Enditerator auf die Zeichenkette zurück.
cap.length()	Gibt die Länge der Erfassungsgruppe zurück.

Tabelle 13-3: Das std::sub_match-Objekt (Fortsetzung)

Methode	Beschreibung
`cap.str()`	Gibt die Zeichenkette als String zurück.
`cap.compare(other)`	Vergleicht die aktuelle Erfassungsgruppe mit einer anderen Erfassungsgruppe.

Zum Abschluss zeigt das Beispiel noch das Zusammenspiel zwischen dem Suchergebnis `std::match_results` und seinen Erfassungsgruppen `std::sub_match`.

```
#include <regex>
...
using std::cout;
std::string privateAddress="192.168.178.21";

std::string re-
gEx(R"((\d{1,3})\.(\d{1,3})\.(\d{1,3})\.(\d{1,3}))");
std::regex rgx(regEx);
std::smatch smatch;

if (std::regex_match(privateAddress,smatch,rgx)){
  for ( auto cap: smatch ){
    cout << "capture group: " << cap << std::endl;
    if (cap.matched){
      std::for_each(cap.first,cap.second,[](int v)
                   {cout << std::hex << v << " ";});
      cout << std::endl;
    }
  }
}
...
capture group: 192.168.178.21
31 39 32 2e 31 36 38 2e 31 37 38 2e 32 31
capture group: 192
31 39 32
capture group: 168
31 36 38
capture group: 178
31 37 38
capture group: 21
32 31
```

Der reguläre Ausdruck `regEx` beschreibt eine IP4-Adresse. Diese kommt zum Einsatz, um die Komponenten der Adresse in der Erfassungsgruppe zu extrahieren. Anschließend werden die Erfassungsgruppe und ihre Zeichen in ASCII als Hexadezimalwert ausgegeben.

Exakte Treffer

`std::regex_match` bestimmt, ob ein Text einem Zeichenmuster entspricht. Das Suchergebnis ist ein `std::match_results`-Objekt und kann weiter analysiert werden.

Das kleine Beispiel stellt drei einfache Varianten von `std::regex_match` für C-Strings, C++-Strings und Bereiche, die nur einen Wahrheitswert zurückgeben, vor. Die entsprechenden drei Varianten gibt es auch für `std::match_results`-Objekte.

```
#include <regex>
...
std::string numberRegEx(R"([-+]?([0-9]*\.[0-9]+|[0-9]+))");
std::regex rgx(numberRegEx);

const char* numChar{"2011"};
if (std::regex_match(numChar,rgx)){
  std::cout << numChar << " is a number." << std::endl;
} // 2011 is a number.

const std::string numStr{"3.14159265359"};
if (std::regex_match(numStr,rgx)){
  std::cout << numStr << " is a number." << std::endl;
} // 3.14159265359 is a number.

const std::vector<char> numVec{{'-','2','.','7','1','8',
                                '2','8','1','8','2','8'}};
if (std::regex_match(numVec.begin(),numVec.end(),rgx)){
  for (auto c: numVec){ std::cout << c ;};
  std::cout << " is a number." << std::endl;
} // -2.718281828 is a number.
```

Suchen

`std::regex_search` bestimmt, ob ein Text ein Zeichenmuster enthält. Die Funktion kann mit und ohne `std::match_results`-Objekte verwendet und darüber hinaus noch auf C-Strings, C++-Strings und Bereiche angewandt werden.

Das Beispiel zeigt std::regex_search mit breiten Zeichen.

```
#include <regex>
...
std::wregex wrgx(L"([01]?[0-9]|2[0-3]):[0-5][0-9]");
std::wcmatch wcmatch;

const wchar_t* wctime{L"Now it is 23:47."};
if (std::regex_search(wctime,wcmatch,wrgx)){
  std::wcout << wctime; // Now it is 23:47.
  std::wcout << wcmatch[0];  // Time: 23:47
}

std::wsmatch wsmatch;
std::wstring  wstime{L"Now it is 00:03."};
if (std::regex_search(wstime,wsmatch,wrgx)){
  std::wcout << wstime;  // Now it is 00:03.
  std::wcout << wsmatch[0];  // Time: 00:03
}
```

Ersetzen

std::regex_replace ersetzt Textmuster in einem Text. In der einfachsten Form gibt std::regex_replace(text,regex.replString) sein Ergebnis als String zurück. Dabei ersetzt die Funktion alle Vorkommen von regex in text durch den replString.

```
#include <regex>
std::string future{"Future"};
std::string unofficialName{"The unofficial name of the
                            new C++ standard is C++0x."};

std::regex rgxCpp(R"(C\+\+0x)");
std::string newCppName{"C++11"};

std::string newdName{std::regex_replace(unofficialNa-
me,rgxCpp,newCppName)};

std::regex rgxOff{"unofficial"};
std::string makeOfficial{"official"};

std::string officialName{std::regex_replace(newName,rgxOff,
makeOfficial)};
std::cout << officialName << std::endl;
  // The official name of the new C++ standard is C++11.
```

Neben dieser Version bietet C++ eine Variation von std::regex_replace an, die auf Bereichen agiert. Diese Version erlaubt es, den modifizierten String direkt auf einen String zu schieben:

```
std::string str2;
std::regex_replace(std::back_inserter(str2),
                   text.begin(),text.end(), regex, replString);
```

Alle Variationen von std::regex_replace besitzen noch einen weiteren optionalen Parameter. Wird dieser letzte Parameter mit der Konstanten std::regex_constants::format_no_copy verwendet, stellt lediglich der Teilstring das Ergebnis der Ersetzung dar, der dem regulären Ausdruck genügt. std::regex_constants::format_first_only bewirkt, dass nur der erste Teilstring als Ergebnis betrachtet wird.

Formatieren

std::regex_replace und std::match_results.format ermöglichen es in Kombination mit Erfassungsgruppen, Text zu formatieren. Dabei wird ein Formatstring mit Platzhaltern vorgegeben, in den die neuen Werte eingesetzt werden.

Beide Möglichkeiten zeigt das Beispiel:

```
#include <regex>
...
std::string future{"Future"};
const std::string unofficial{"unofficial,C++0x"};
const std::string official{"official,C++11"};

std::regex regValues{"(.*),(.*)"};
std::string standardText{"The $1 name of the new C++ standard is
$2."};
std::string textNow= std::regex_replace(unofficial,regValues,
standardText);
std::cout << textNow << std::endl;
  // The unofficial name of the new C++ standard is C++0x.

std::smatch smatch;
if ( std::regex_match(official,smatch,regValues)){
  std::cout << smatch.str();  // official,C++11
  std::string textFuture= smatch.format(standardText);
```

```
    std::cout << textFuture << std::endl;
} // The official name of the new C++ standard is C++11.
```

In dem Aufruf der Funktion `std::regex_replace(unofficial,regValues,standardText)` extrahiert der reguläre Ausdruck `regValues` die erste und zweite Erfassungsgruppe aus dem String `unofficial`. Die Werte dieser zwei Erfassungsgruppen ersetzen die Platzhalter `$1` und `$2` in dem Text `standardText`. Ähnlich geht `smatch.format(standardText)` vor. Der Unterschied ist aber, dass in diesem Fall die Erzeugung des Suchergebnisses `smatch` von seiner Anwendung in einem Formatstring getrennt ist.

Neben den Erfassungsgruppen kennt C++ noch weitere Format-Escape-Sequenzen, die sich als Platzhalter in Formatstrings verwenden lassen:

Tabelle 13-4: Die Format-Escape-Sequenzen

Format-Escape-Sequenz	Beschreibung
`$&`	Gibt den Gesamttreffer aus (0-te Erfassungsgruppe).
`$$`	Gibt `$` aus.
`` $` ``	Gibt den Text vor dem Gesamttreffer aus.
`$´`	Gibt den Text nach dem Gesamttreffer aus.
`$i`	Gibt die `i`-te Erfassungsgruppe aus.

Wiederholtes Suchen

Mit `std::regex_iterator` und `std::regex_token_iterator` lässt sich komfortabel über mehrere Zeichenmuster in einem Text iterieren. Während `std::regex_iterator` die Treffer und deren Erfassungsgruppen anbietet, erlaubt `std::regex_token_iterator` einerseits, die Indizes der Erfassungsgruppen explizit anzusprechen, und andererseits, die Teilstrings zwischen den Treffern durch einen negativen Index zu adressieren.

std::regex_iterator

`std::regex_iterator` ermöglicht es, einfach die Wörter in einem Text zu zählen:

```
#include <regex>
...
using std::cout;

std::string text{"That's a (to me) amazingly frequent question.
It may be the most frequently asked question. Surprisingly,
C++11 feels like a new language: The pieces just fit together
better than they used to and I find a higher-level style of
programming more natural than before and as efficient as
ever."};

std::regex wordReg(R"(\w+)");
std::sregex_iterator wordItBegin(text.begin(),text.end(),word-
Reg);
const std::sregex_iterator wordItEnd;

std::unordered_map<std::string, std::size_t> allWords;
for (; wordItBegin != wordItEnd;++wordItBegin){
  ++allWords[wordItBegin->str()];
}
for (auto wordIt: allWords) cout << "(" << wordIt.first <<
                                    ":" << wordIt.second << ")";
// (as:2)(of:1)(level:1)(find:1)(ever:1)(and:2)(natural:1) ...
```

Ein Wort besteht aus mindestens einem Zeichen (`\w+`). Mithilfe des regulären Ausdrucks werden ein Anfangsiterator `wordItBegin` und ein Enditerator `wordItEnd` definiert. In der for-Schleife findet anschließend die Iteration über alle Wörter statt. Jedes Wort inkrementiert den Zähler zu diesem Wort: `++allWords[wordItBegin->str()]`. Falls das Wort noch nicht vorhanden ist, legt `allWords` ein Wort mit dem Zähler 1 an.

std::regex_token_iterator

Mit Indizes lässt sich für `std::regex_token_iterator` genauer steuern, welche Erfassungsgruppen verwendet werden sollen. Wird der optionale Index nicht verwendet, werden alle Erfassungsgruppen ausgegeben. Es lassen sich beim Erzeugen eines `std::regex_token_iterator`-Objekts aber auch explizit die Erfassungsgruppen adressieren. Wird der Index `-1` verwendet, wird der Teilstring zwischen den Treffern ausgegeben:

```
#include <regex>
...
```

```
using namespace std;

string text{"Pete Becker,The C++ Standard Library Extensi-
ons,2006:
                  Nicolai Josuttis,The C++ Standard Libra-
ry,1999"};

regex regBook(R"((\w+)\s(\w+),([\w\s\+]*),(\d{4}))");
sregex_token_iterator bookItBegin(text.begin(),text.end(),reg-
Book);
const sregex_token_iterator bookItEnd;

while ( bookItBegin != bookItEnd){
  cout << *bookItBegin++ << endl;
} //  Pete Becker,The C++ Standard Library Extensions,2006
   //  Nicolai Josuttis,The C++ Standard Library,1999

sregex_token_iterator bookItNameIssueBegin(text.be-
gin(),text.end(),
                                    regBook, {{2,4}});
const sregex_token_iterator bookItNameIssueEnd;
while ( bookItNameIssueBegin != bookItNameIssueEnd){
  cout << *bookItNameIssueBegin++ << ", ";
  cout << *bookItNameIssueBegin++ << endl;
} // Becker, 1999
   // Josuttis, 2001

regex regBookNeg(":");
sregex_token_iterator bookItNegBegin(text.begin(),text.end(),
                                    regBookNeg,-1);
const sregex_token_iterator bookItNegEnd;
while ( bookItNegBegin != bookItNegEnd){
  cout << *bookItNegBegin++ << endl;
} //  Pete Becker,The C++ Standard Library Extensions,2006
   //  Nicolai Josuttis,The C++ Standard Library,1999
```

Sowohl bookItBegin, das ohne Indizes verwendet wird, als auch bookItNegBegin, das mit einem negativen Index verwendet wird, geben die ganze Erfassungsgruppe aus. Dagegen adressiert bookNameIssueBegin nur die zweite und vierte Erfassungsgruppe {{2,4}}.

KAPITEL 14

Ein- und Ausgabestreams

Dank der Ein- und Ausgabestreams kann ein C++-Programm mit der Außenwelt kommunizieren. Dabei ist ein Stream ein unendlicher Zeichenstrom, auf den Daten geschoben und von dem Daten gelesen werden können.

Die Ein- und Ausgabestreams

- wurden schon lange vor dem ersten C++-Standard (C++98) in 1998 benutzt,
- sind ein auf Erweiterbarkeit ausgelegtes Framework,
- sind mit dem objektorientierten und generischen Paradigma implementiert.

Hierarchie

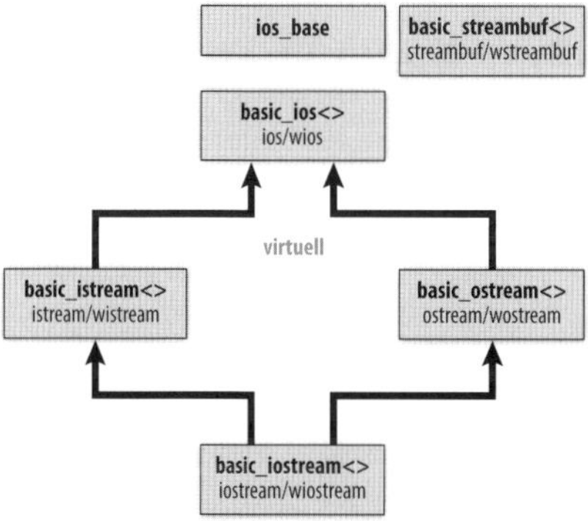

`basic_streambuf<>`
: Verantwortlich für das Lesen und Schreiben der Daten.

`ios_base`
: Eigenschaften aller Streamklassen, die unabhängig vom Zeichentyp sind.

`basic_ios<>`
: Eigenschaften aller Streamklassen, die abhängig vom Zeichentyp sind.

`basic_istream<>`
: Basis für Streamklassen für das Lesen der Daten.

`basic_ostream<>`
: Basis für Streamklassen für das Schreiben der Daten.

`basic_iostream<>`
: Basis für Streamklassen für das Lesen und Schreiben der Daten.

In der Klassenhierarchie existieren für die Zeichentypen `char` und `wchar_t` Typsynonyme. Typsynonyme, die mit `w` beginnen, sind über den Zeichentyp `wchar_t` spezialisiert, die restlichen Typsynonyme für den Zeichentyp `char`.

Die Basisklassen der Klasse `std::basic_iostream<>` sind virtuell von `std::basic_ios<>` abgeleitet. Diese virtuelle Ableitung bewirkt, dass `std::basic_iostream<>` nun eine Instanz von `std::basic_ios` besitzt.

Ein- und Ausgabefunktionen

Die Streamklassen `std::istream` und `std::ostream` werden sehr häufig für das Lesen und Schreiben der Daten verwendet. Die beiden Klassen benötigen die gleichnamigen Header-Dateien `<istream>` und `<ostream>` oder alternativ für beide `<iostream>`. `std::istream` und `std::ostream` sind Typsynonyme der Klassen `basic_istream` bzw. `basic_ostream` für den Zeichentyp `char`:

```
typedef basic_istream<char> istream;
typedef basic_ostream<char> ostream;
```

Für den einfachen Umgang mit Tastatur und Monitor sind vier Streamobjekte vordefiniert:

Tabelle 14-1: Die vier vordefinierten Streamobjekte

Streamobjekt	C-Äquivalent	Gerät	gepuffert
`std::cin`	`stdin`	Tastatur	ja
`std::cout`	`stdout`	Monitor	ja
`std::cerr`	`stderr`	Monitor	nein
`std::clog`		Monitor	ja

Die vier Streamobjekte sind auch für Wide-Zeichen wchar_t vordefiniert

Die vier Streamobjekte für Wide-Zeichen `std::wcin`, `std::wcout`, `std::wcerr` und `std::wclog` besitzen bei Weitem nicht die Wichtigkeit wie ihre Pendants für einfache Zeichen aus Tabelle 14-1. Daher werden sie in diesem Buch nur am Rande behandelt.

Damit lässt sich einfach ein interaktives Programm schreiben, das Zahlen von der Kommandozeile einliest und die Summe ausgibt.

```
#include <iostream>
int main(){
  std::cout << "Type in your numbers
          (Quit with an arbitrary character): " << std::endl;
  // 2000 <Enter> 11 <a>

  int sum{0};
  int val;
  while ( std::cin >> val ) sum += val;
  std::cout << "Sum: " << sum;  // Sum: 2011
}
```

Das kleine Programm zeigt die Streamoperatoren << und >> sowie den Streammanipulator `std::endl` in der Anwendung.

Während der *Insert-Operator* << Zeichen auf den Ausgabestream `std::cout` schiebt, zieht der *Extract-Operator* Zeichen vom Eingabestream `std::cin`. Beide Operatoren können verkettet werden, da sie Referenzen aus sich selbst zurückgeben.

`std::endl` ist ein Streammanipulator, da er ein (`\n`)-Zeichen auf den Ausgabestream `std::cout` schiebt und insbesondere den Ausgabepuffer leert. Tabelle 14-2 stellt die am häufigsten verwendeten Manipulatoren vor.

Tabelle 14-2: Die bekanntesten Streammanipulatoren

Manipulator	Streamtyp	Beschreibung
`std::endl`	Ausgabe	Gibt das Zeilenendezeichen `\n` aus und leert den Ausgabepuffer.
`std::flush`	Ausgabe	Leert den Ausgabepuffer.
`std::ws`	Eingabe	Liest und entfernt führende Leerzeichen.

Eingabe

Eingabestreams lassen sich in C++ formatiert mit dem Extraktor (<<) und unformatiert mit expliziten Methoden lesen.

Formatierte Eingabe

Der Extraktion-Operator (<<)

- ist für alle Built-in-Datentypen und Strings vordefiniert,
- lässt sich für eigene Datentypen definieren (siehe Abschnitt »Eigene Datentypen«, Seite 188),
- lässt sich durch Formatangaben konfigurieren (siehe *In diesem Buch werden nur Manipulatoren als Formatspecifier verwendet* (siehe Tipp Seite 178)).

std::cin ignoriert per Default führende Leerzeichen

```
#include <iostream>
...
int a, b;
std::cout << "Two natural numbers: " << std::endl;
std::cin >> a >> b; // <  2000  11>cd ..
std::cout << "a: " << a << " b: " << b;
```

Unformatierte Eingabe

Für die unformatierte Eingabe auf einem Eingabestream is gibt es mehrere Methoden.

Tabelle 14-3: Unformatierte Eingabe auf einem Eingabestream

Methode	Beschreibung
is.get(ch)	Liest ein Zeichen in ch ein.
is.get(buf,num)	Liest maximal num Zeichen in buf ein.
is.getline(buf,num,[delim])	Liest maximal num Zeichen in buf ein. Setzt optional das Zeilenendezeichen auf delim (Default \n).
is.gcount()	Gibt die Anzahl der Zeichen zurück, die von der letzten unformatierten Operation auf dem is extrahiert wurden.
is.ignore(streamsize sz= 1, int delim= end-of-file)	Ignoriert sz Zeichen bis del.
is.peek()	Erlaubt es, ein Zeichen von is zu lesen, ohne es zu konsumieren.
is.unget()	Schiebt das letzte gelesene Zeichen wieder auf is.
is.putback(ch)	Schiebt das Zeichen ch auf den Stream.

std::string besitzt eine eigene getline-Funktion

Die getline-Funktion für den String (Abschnitt »Ein- und Ausgabe«, Seite 152) besitzt einen großen Vorteil gegenüber der getline-Funktion des istream. Die Funktionen verwalten ihren Speicher automatisch. Dieses Argument trifft auch auf die get-Funktion des istream zu: is.get(buf,num). Auch bei dieser Funktion muss der Speicher für den Puffer buf explizit bereitgestellt werden.

```
#include <iostream>
...
std::string line;
std::cout << "Write a line: " << std::endl;
std::getline(std::cin,line);  // <Only for testing purpose.>
std::cout << line << std::endl;
  // Only for testing purpose.
```

```
std::cout << "Write numbers, separated by;" << std::endl;
while ( std::getline(std::cin,line,';') ) {
  std::cout << line << " ";
} // <2000;11;a>
// 2000 11
```

Ausgabe

Mit dem Insert-Operator >> lassen sich Zeichen auf den Ausgabestream schieben.

Der Insert-Operator (>>)

- ist für alle Built-in-Datentypen und Strings vordefiniert,
- lässt sich für eigene Datentypen definieren (siehe Abschnitt »Eigene Datentypen«, Seite 188),
- lässt sich durch Formatangaben konfigurieren (siehe Tipp *In diesem Buch werden nur Manipulatoren als Formatspecifier verwendet*, unten).

```
#include <iostream>
...
int num{2011};

std::cout.setf(std::ios::hex, std::ios::basefield);
std::cout << num << std::endl;  // 7db
std::cout.setf(std::ios::dec, std::ios::basefield);
std::cout << num << std::endl;  // 2011

std::cout << std::hex << num << std::endl;  // 7db
std::cout << std::dec << num << std::endl;  // 2011
```

Formatangabe

Formatangaben erlauben es, die Form der Ein- und Ausgabedaten genauer zu spezifizieren.

In diesem Buch werden nur Manipulatoren als Formatspecifier verwendet

Diese Formatangaben gibt es in der Regel als Flags und als Manipulatoren. Da zum einen die Funktionalität von Flags und Manipulatoren sehr ähnlich (siehe oben) und zum anderen die

Anwendung von Manipulatoren einfacher ist, werden in diesem Buch nur Manipulatoren beschrieben.

Die folgenden Tabellen stellen die wichtigsten Formatangaben prägnant vor. Die Formatangaben eines Manipulators bleiben bestehen. Das gilt mit Ausnahme der Feldbreite (Tabelle 14-5), die nach ihrer Anwendung wieder zurückgesetzt wird.

Die Manipulatoren ohne Argument benötigen die Header-Datei `<iostream>`, die mit Argumenten die Header-Datei `<iomanip>`.

Tabelle 14-4: Darstellung von Booleschen Werten

Manipulator	Streamtyp	Beschreibung
`std::boolalpha`	Ein- und Ausgabe	Stellt den Wahrheitswert als Wort dar.
`std::noboolalpha`	Ein- und Ausgabe	Stellt den Wahrheitswert als Zahl dar. (Default).

Tabelle 14-5: Setzt die Feldbreite und das Füllzeichen

Manipulator	Streamtyp	Beschreibung
`std::setw(val)`	Ein- und Ausgabe	Setzt die Feldbreite auf `val`.
`std::setfill(c)`	Ausgabe	Setzt das Füllzeichen (Default: " ").

Tabelle 14-6: Ausrichten des Texts

Manipulator	Streamtyp	Beschreibung
`std::left`	Ausgabe	Richtet die Ausgabe links aus.
`std::right`	Ausgabe	Richtet die Ausgabe rechts aus.
`std::internal`	Ausgabe	Vorzeichen von Ganzzahlen werden links, Werte rechts ausgerichtet.

Tabelle 14-7: Positive Vorzeichen und Großbuchstaben

Manipulator	Streamtyp	Beschreibung
`std::showpos`	Ausgabe	Stellt positive Vorzeichen dar.
`std::noshowpos`	Ausgabe	Stellt positive Vorzeichen nicht dar (Default).
`std::uppercase`	Ausgabe	Verwendet Großbuchstaben für numerische Werte (Default).
`std::lowercase`	Ausgabe	Verwendet Kleinbuchstaben für numerische Werte.

Tabelle 14-8: Darstellung der numerischen Basis

Manipulator	Streamtyp	Beschreibung
`std::oct`	Ein- und Ausgabe	Verwendet Ganzzahlen in oktalem Format.
`std::dec`	Ein- und Ausgabe	Verwendet Ganzzahlen in dezimalem Format (Default).
`std::hex`	Ein- und Ausgabe	Verwendet Ganzzahlen in hexadezimalem Format.
`std::showbase`	Ausgabe	Stellt die numerische Basis dar.
`std::noshowbase`	Ausgabe	Stellt die numerische Basis nicht dar (Default).

Für Fließkommazahlen gibt es besondere Regeln:

- Die Anzahl der signifikanten Stellen (Nachkommastellen) ist per Default 6.
- Wenn die Anzahl der signifikanten Stellen nicht ausreicht, erfolgt die Ausgabe im wissenschaftlichen Format.
- Führende oder folgenden Nullen werden nicht ausgegeben.
- Der Dezimalpunkt wird, wenn möglich, nicht ausgegeben.

Tabelle 14-9: Fließkommazahlen

Manipulator	Streamtyp	Beschreibung
`std::setprecisio(val)`	Ausgabe	Setzt die Genauigkeit der Fließkommazahl auf `val`.
`showpoint`	Ausgabe	Stellt den Dezimalpunkt dar.
`std::noshowpoint`	Ausgabe	Stellt den Dezimalpunkt nicht dar (Default).
`std::fixed`	Ausgabe	Stellt die Fließkommazahl im dezimalen Format dar.
`std::scientific`	Ausgabe	Stellt die Fließkommazahl im wissenschaftlichen Format dar.

```
#include <iomanip>
#include <iostream>

std::cout.fill('#');
std::cout << -12345;
std::cout << std::setw(10) << -12345;
// ####-12345
std::cout << std::setw(10) << std::left << -12345;
// -12345####
```

```
std::cout << std::setw(10) << std::right << -12345;    //
####-12345
std::cout << std::setw(10) << std::internal << -12345; //
-####12345

std::cout << std::oct << 2011;  // 3733
std::cout << std::hex << 2011;  // 7db

std::cout << std::showbase;
std::cout << std::dec << 2011;  // 2011
std::cout << std::oct << 2011;  // 03733
std::cout << std::hex << 2011;  // 0x7db

std::cout << 123.456789;
std::cout << std::fixed;
std::cout << std::setprecision(3) << 123.456789;  // 123.457
std::cout << std::setprecision(6) << 123.456789;  // 123.456789
std::cout << std::setprecision(9) << 123.456789;  //
123.456789000

std::cout << std::setprecision(6) << 123.456789;  // 123.456789
std::cout << std::scientific;
std::cout << std::setprecision(3) << 123.456789;  // 1.235e+02
std::cout << std::setprecision(6) << 123.456789;  //
1.234568e+02
std::cout << std::setprecision(9) << 123.456789;  //
1.234567890e+02
```

Streams

Ein Stream ist ein unendlicher Zeichenstrom, auf den Daten geschoben und von dem Daten gelesen werden können. Mit String- und Dateistreams können Strings und Dateien direkt mit Streams interagieren.

Stringstreams

Stringstreams benötigen die Header-Datei <sstream>. Sie sind mit keinem Ein- oder Ausgabekanal verbunden und speichern ihre Daten in einem String.

Abhängig davon, ob ein Stringstream zur Ein- oder Ausgabe verwendet wird oder ob er ein Stringstream über dem Zeichentyp char oder wchart_t ist, gibt es verschiedene Stringstream-Klassen:

`std::istringstream` und `std::wistringstream`
: Stringstream für die Eingabe von Daten vom Typ `char` oder `wchar_t`.

`std::ostringstream` und `std::wostringstream`
: Stringstream für die Ausgabe von Daten vom Typ `char` oder `wchar_t`.

`std::stringstream` und `std::wstringstream`
: Stringstream für die Ein- und Ausgabe von Daten vom Typ `char` oder `wchar_t`.

Typische Operationen auf einem Stringstream sind:

- Schreibt Daten in einen Stringstream:

  ```
  std::stringstream os;
  os << "New String";
  os.str("Another new String");
  ```

- Extrahiert Daten aus einem Stringstream:

  ```
  std::string os;
  std::string str;
  os >> str;
  str= os.str();
  ```

- Leert einen Stringstream:

  ```
  std::stringstream os;
  os.str("");
  ```

Gern werden Stringstreams zum typsicheren Konvertieren von Daten zwischen Strings und numerischen Werten verwendet:

```
#include <sstream>
...
T StringTo ( const std::string& source ){
  std::istringstream iss(source);
  T ret;
  iss >> ret;
  return ret;
}
template< class T >
std::string ToString(const T& n){
  std::ostringstream tmp ;
  tmp << n;
  return tmp.str();
}
```

```
std::cout << "5 = " <<  StringTo<int>("5");          // 5
std::cout << "5 + 6 = " << StringTo<int>("5") + 6; // 11

std::cout << ToString(StringTo<int> ("5") + 6 )); // "11"
std::cout << "5e10: " << std::fixed << StringTo<double>("5e10");
  //  50000000000
```

Dateistreams

Dateistreams erlauben es, mit Dateien zu interagieren. Dazu benötigen Dateistreams die Header-Datei `<fstream>`. Der Dateistream verwaltet automatisch die Lebenszeit seiner Datei.

Abhängig davon, ob ein Dateistream zur Ein- oder Ausgabe verwendet wird oder ob er ein Dateistream über dem Zeichentyp `char` oder `wchart_t` ist, gibt es verschiedene Dateistream-Klassen:

`std::ifstream` und `std::wifstream`
: Dateistream für die Eingabe von Daten vom Typ `char` oder `wchar_t`.

`std::ofstream` und `std::wofstream`
: Dateistream für die Ausgabe von Daten vom Typ `char` oder `wchar_t`.

`std::fstream` und `std::wfstream`
: Dateistream für die Ein- und Ausgabe von Daten vom Typ `char` oder `wchar_t`.

`std::filebuf` und `std::wfilebuf`
: Dateipuffer mit Daten vom Typ `char` oder `wchar_t`.

WARNUNG

Dateistreams, die zum Lesen und Schreiben geöffnet sind, müssen vor ihrem Kontextwechsel zuerst den Dateipositionszeiger neu setzen.

Flags bestimmen beim Öffnen des Dateistreams, in welchem Modus dieser zu Verfügung steht.

Tabelle 14-10: Flags für das Öffnen einer Datei

Flag	Beschreibung
std::ios::in	Öffnet die Datei zum Lesen (Default für std::ifstream und std::wifstream).
std::ios::out	Öffnet die Datei zum Schreiben (Default für std::ofstream und std::wofstream).
std::ios::app	Hängt die Zeichen immer ans Ende der Datei an.
std::ios:ate	Anfangsposition des Dateipositionszeigers am Ende der Datei.
std::ios::trunc	Löscht den ursprünglichen Dateiinhalt.
std::ios::binary	Interpretiert keine Sonderzeichen in der Datei.

Mit den Funktionen lässt sich einfach eine Datei in mithilfe ihres Dateipuffers in.rdbuf() kopieren. Die Fehlerbehandlung fehlt in dem kurzen Beispiel.

```
#include <fstream>
...
std::ifstream in("inFile.txt");
std::ofstream out("outFile.txt");
out << in.rdbuf();
```

Werden die C++-Flags kombiniert, lassen sich die Modi zum Öffnen einer Datei in C und C++ direkt gegenüberstellen.

Tabelle 14-11: Öffnen einer Datei in C++ und C

C++-Mode	Bedeutung	C-Mode
std::ios::out	Schreibt die Datei.	"w"
std::ios::out|std::ios::app	Hängt die Daten an die Datei an.	"a"
std::ios::in|std::ios::out	Liest und schreibt die Datei.	"r+"
std::ios::in|std::ios::out |std::ios::trunc	Schreibt und liest Datei.	"w+"

In den Modi "r" und "r+" muss die Datei existieren, hingegen wird sie in den Modi "a" und "w+" erzeugt. Im Modus "w" wird die Datei immer überschrieben.

Natürlich lässt sich auch explizit der Lebenszyklus einer Datei std::ifstream inFile verwalten.

Tabelle 14-12: Öffnen einer Datei in C++ und C

Methode	Beschreibung
`inFile.open(name)`	Öffnet die Datei `name` zum Lesen.
`inFile.open(name,para)`	Öffnet die Datei `name` mit den Flags `para` zum Lesen.
`inFile.close()`	Schließt die Datei.
`inFile.is_open()`	Prüft, ob die Datei geöffnet ist.

Dateistreams: wahlfreier Zugriff

Der wahlfreie Zugriff erlaubt das Navigieren in der Datei.

Der Dateipositionszeiger zeigt am Anfang auf den Beginn der Datei. Mit den Methoden eines Dateistreams `std::fstream file` lässt sich dieser explizit positionieren:

Tabelle 14-13: Navigieren in einer Datei

Methode	Beschreibung
`file.tellg()`	Gibt die Leseposition der Datei `file` zurück.
`file.tellp()`	Gibt die Schreibposition der Datei `file` zurück.
`file.seekg(pos)`	Setzt die Leseposition auf den Wert `pos`.
`file.seekp(pos)`	Setzt die Schreibposition auf den Wert `pos`.
`file.seekg(off,rpos)`	Setzt die Leseposition auf den Offset `off` relativ zu `rpos`.
`file.seekp(off,rpos)`	Setzt die Schreibposition auf den Offset `off` relativ zu `rpos`.

Während `off` eine Ganzzahl ist, kann `rpos` drei Werte annehmen:

`std::ios::beg`
: Position am Dateibeginn.

`std::ios::cur`
: Position an der aktuellen Dateiposition.

`std::ios::end`
: Position am Dateiende.

WARNUNG

Beim wahlfreien Zugriff mit einer natürlichen Zahl `pos` oder einer Ganzzahl `off` werden die Positionen nicht geprüft. Ein Zugriff außerhalb der Datei stellt *Undefined Behaviour* dar.

```
#include <fstream>
...
int writeFile(const std::string name){
  std::ofstream outFile(name);
  if (!outFile){
    std::cerr << "Could not open file " << name << std::endl;
    exit(1);
  }
  for ( unsigned int i=0;  i < 10 ; ++i){
    outFile << i << "        0123456789" << std::endl;
  }
}

std::string random{"random.txt"};
writeFile(random);
std::ifstream inFile(random);
if (!inFile){
  std::cerr << "Could not open file " << random << std::endl;
  exit(1);
}
std::string line;

std::cout << inFile.rdbuf();
// 0        0123456789
// 1        0123456789
...
// 9        0123456789
std::cout << inFile.tellg()  << std::endl; // 200

inFile.seekg(0); // inFile.seekg(0,std::ios::beg);
getline(inFile,line);
std::cout << line;  //  0        0123456789

inFile.seekg(20,std::ios::cur);
getline(inFile,line);
std::cout << line;  //  2        0123456789

inFile.seekg(-20,std::ios::end);
getline(inFile,line);
std::cout << line;  //  9        0123456789
```

Streamzustand

Der Zustand eines Streams stream wird durch Flags ausgedrückt. Methoden zum Umgang mit diesen Flags benötigen die Header-Datei <iostream>.

Tabelle 14-14: Navigieren in einer Datei

Flag	Abfrage des Flags	Beschreibung
`std::ios::goodbit`	`stream.good()`	Kein Bit gesetzt.
`std::ios::eofbit`	`stream.eof()`	End-of-File-Bit gesetzt. • Lesen hinter dem letzten gültigen Zeichen.
`std::ios::failbit`	`stream.fail()`	Fehler • Falsch formatierter Leseversuch. • Leseversuch über die Datei hinaus. • Öffnen einer Datei schlug fehl.
`std::ios::badbit`	`stream.bad()`	Undefinierter Zustand • Größe des Streampuffers kann nicht angepasst werden. • Codekonvertierung des Streampuffers schlug fehl. • Ein Teil des Streams erzeugt eine Ausnahme.

`stream.fail()` gibt zurück, ob `std::ios::failbit` oder `std::ios::badbit` gesetzt ist.

Der Zustand eines Streams `stream` lässt sich lesen und setzen:

`stream.clear()`
: Initialisiert die Flags und setzt den Stream in einen `goodbit`-Zustand.

`stream.clear(state)`
: Initialisiert die Flags und setzt den Stream in einen `state`-Zustand.

`stream.rdstate()`
: Gibt den aktuellen Zustand zurück.

`stream.setstate(state)`
: Setzt zusätzlich die Flags `state`.

Aktionen auf einem Stream haben nur dann eine Auswirkung, wenn dieser im `goodbit`-Zustand ist. Ist der Stream im `badbit`-Zustand, kann er nicht mehr in einen `goodbit`-Zustand versetzt werden.

```
#include <iostream>
...
std::cout << std::cin.fail() << std::endl;

int myInt;
while (std::cin >> myInt){        // <a>
  std::cout << myInt << std::endl;  //
  std::cout << std::cin.fail() << std::endl;  //
}
std::cin.clear();
std::cout <<  std::cin.fail() << std::endl;  // false
```

Durch die Eingabe des Zeichens a ist der Stream `std::cin` in einem `std::ios::badbit`-Zustand. Dies ist der Grund dafür, dass a nicht ausgegeben wird und dass `std::cin.fail()` weder `true` noch `false` zurückgibt. Dazu müssen zuerst die Flags des Streams `std::cin` initialisiert werden.

Eigene Datentypen

Durch das Überladen des Ein- und Ausgabeoperators verhält sich ein eigener Datentyp wie ein Built-in-Datentyp.

```
friend std::istream& operator >> (std::istream& in, Frac& frac);
friend std::ostream& operator<< (std::ostream& out, const Frac&
frac);
```

Für das Überladen der Ein-/Ausgabeoperatoren gilt es, ein paar Regeln zu beachten:

- Um die Verkettung von Ein- und Ausgabestreams zu ermöglichen, nehmen die Ein- und Ausgabeoperatoren diese als nicht konstante Referenz an und geben sie zurück.
- Damit die Operatoren auf die privaten Mitglieder zugreifen können, müssen sie `friend` des eigenen Datentyps sein.
- Der Eingabeoperator << nimmt seinen Datentyp als nicht konstante Referenz an.

- Der Ausgabeoperator >> nimmt seinen Datentyp als konstante Referenz an.

```
class Fraction{
public:
  Fraction(int num=0, int denom=0):numerator(num),
                                   denominator(denom){}
  friend std::istream& operator>> (std::istream& in, Fraction &
                                   frac);
  friend std::ostream& operator<< (std::ostream& out, const
                                   Fraction& frac);
private:
  int numerator;
  int denominator;
};

std::istream& operator>> (std::istream& in, Fraction& frac){
  in >> frac.numerator;
  in >> frac.denominator;
  return in;
}

std::ostream& operator<< (std::ostream& out, const Fraction&
frac){
    out << frac.numerator << "/" << frac.denominator;
    return out;
}

Fraction frac(3,4);
std::cout << frac;     // 3/4

std::cout << "Enter two numbers: ";
Fraction fracDef;
std::cin >> fracDef;  //  <1 2 >
std::cout << fracDef; // 1/2
```

KAPITEL 15
Multithreading

Mit dem C++11-Standard bietet C++ zum ersten Mal Unterstützung für Multithreading an. Diese Unterstützung besteht aus einem definierten Speichermodell und einer standardisierten Threading-Schnittstelle.

Das C++-Speichermodell

Die Grundlage für Multithreading in C++ ist sein definiertes Speichermodell. Ein Speichermodell muss sich mit den folgenden Punkten auseinandersetzen:

- *Atomare Operationen:* Operationen, die ohne Unterbrechung ausgeführt werden müssen.
- *Partielle Ordnung von Operationen:* Reihenfolge von Operationen, die nicht umsortiert werden können.
- *Speichersichtbarkeit:* Zusicherung, ab wann Operationen auf gemeinsam genutzten Variablen für einen anderen Thread sichtbar sind.

Das C++-Speichermodell lehnt sich an seinen Vorgänger an, das Java-Speichermodell. C++ erlaubt aber den Bruch der sequenziellen Konsistenz. Die sequenzielle Konsistenz beschreibt das Standardverhalten für atomaren Variablen. Darin werden die Anweisungen eines Threads in der Reihenfolge ausgeführt, in der sie im Programmcode stehen. Darüber hinaus gilt eine globale Reihenfolge aller Operationen auf allen Threads.

Atomare Datentypen

C++ bringt einen Satz an einfachen atomaren Datentypen mit. Dies sind Wahrheitswerte, Zeichen und Ganzzahlen in verschiedenen Variationen, die die Header-Datei `<atomic>` benötigen. Eigene atomare Typen lassen sich mit dem Klassen-Template `std::atomic` definieren. Diese selbst definierten atomaren Datentypen unterliegen deutlichen Einschränkungen:

- Sie können keine virtuellen Funktionen und Basisklassen besitzen.
- Sie und alle ihre Basisklassen müssen den automatisch erzeugen Copy-Zuweisungsoperator besitzen.
- Sie müssen bitweise auf Gleichheit vergleichbar sein.

Atomare Datentypen besitzen einen Satz an expliziten atomaren Operationen. Das Beispiel zeigt die Operationen `load` und `store`:

```
#include <atomic>
...
std::atomic_int x, y;
int r1, r2;

void writeX(){
  x.store(1);
  r1= y.load();
}

void writeY(){
  y.store(1);
  r2=x.load();
}

x= 0;
y= 0;
std::thread a(writeX);
std::thread b(writeY);
a.join();
b.join();
std::cout << r1 << r2 << std::endl;
```

Als Ausgabe sind die Werte `11`, `10` und `01` möglich.

Threads

Um die Multithreading-Funktionalität zu nutzen, ist die Header-Datei `<thread>` notwendig.

Erzeugen eines Threads

Ein Thread `std::thread` repräsentiert eine Ausführungseinheit. Diese Ausführungseinheit, die der Thread sofort startet, erhält sein Arbeitspaket in der Form einer aufrufbaren Einheit. Aufrufbare Einheiten können Funktionen, Funktionsobjekte oder auch Lambda-Funktionen sein:

```
#include <thread>
...
using namespace std;

void helloFunction(){
  cout << "function" << endl;
}
class HelloFunctionObject  {
  public:
    void operator()() const {
      cout << "function object" << endl;
    }
};

thread t1(helloFunction);  // function

HelloFunctionObject helloFunctionObject;
thread t2(helloFunctionObject);  // function object

thread t3([]{cout << "lambda function";}); // lambda function
```

Lebenszeit eines Threads

Der Erzeuger eines Threads muss sich um die Lebenszeit seines erzeugten Threads kümmern. Die Ausführungseinheit des erzeugten Threads endet mit dem Ende der aufrufbaren Einheit. Entweder wartet der Erzeuger, bis der erzeugte Thread `t` fertig ist (`t.join()`), oder er trennt sich explizit von diesem: `t.detach()`. Ein Thread `t` mit Ausführungseinheit ist *joinable*, wenn auf diesem noch nicht `t.join()` oder `t.detach()` aufgerufen wurde. Ein *joinable* Thread `t` ruft in seinem Destruktor die Ausnahme std::terminate auf, die zum Abbruch des Programms führt.

```
...
thread t1(helloFunction);  // function

HelloFunctionObject helloFunctionObject;
thread t2(helloFunctionObject);  // function object

thread t3([]{cout << "lambda function";}); // lambda function

t1.join();
t2.join();
t3.join();
```

Threads, die mit t.detach() von der Lebenszeit ihres Erzeugers getrennt wurden, werden gern Daemonthreads genannt, da sie unabhängig im Hintergrund laufen.

WARNUNG – Threads sollten mit Vorsicht verschoben werden

Werden Threads ohne Ausführungseinheit erzeugt, ist es möglich, dass sie ihre Ausführungseinheit von einem anderen Thread erhalten.

```
std::thread t([]{cout << "lambda function";});
std::thread t2;
t2= std::move(t);

std::thread t3([]{cout << "lambda function";});
t2= std::move(t3);  // std::terminate
```

Durch das Verschieben t2= std::move(t); besitzt Thread t2 die Ausführungseinheit von t. Besitzt hingegen t2 bereits eine Ausführungseinheit, erzeugt die C++-Runtime eine std::terminate-Ausnahme, falls t2 noch *joinable* ist. Genau dieser Fall tritt in t2= std::move(t3) ein, da Thread t2 bis zu diesem Zeitpunkt weder t2.join() noch t2.detach() aufgerufen hat.

Datenübergabe an einen Thread

Ein std::thread ist ein Variadic-Template. Dies heißt insbesondere, dass er eine beliebige Anzahl an Argumenten per Copy oder per Referenz annehmen kann. Es ist möglich, die Argumente an die Ausführungseinheit direkt oder an den std::thread zu übergeben, der diese an die Ausführungseinheit delegiert: tPerCopy2 und tPerReference2.

```
#include <thread>
...
using namespace std;

void printStringCopy(string s){ cout << s; }
void printStringRef(const string& s){ cout << s; }

string s{"C++"};

thread tPerCopy([=]{ cout << s; });        // C++
thread tPerCopy2(printStringCopy,s);       // C++
tPerCopy.join();
tPerCopy2.join();

thread tPerReference([&]{ cout << s;});  // C++
thread tPerReference2(printStringRef,s); // C++
tPerReference.join();
tPerReference2.join();
```

Während die ersten zwei Threads ihr Argument s per Copy erhalten, bekommen die folgenden zwei Threads ihr Argument per Referenz.

WARNUNG – Threads sollten ihre Daten im Standardfall per Copy erhalten

```
#include <thread>
...
using std::this_thread::sleep_for;
using std::this_thread::get_id;

struct Sleeper{
  Sleeper(int& i_):i{i_}{};
  void operator() (int k){
    for (unsigned int j= 0; j <= 5; ++j){
```

```
      sleep_for(std::chrono::milliseconds(100));
      i += k;
    }
    std::cout << get_id();  // undefiniertes
                            // Verhalten
  }
  private:
    int& i;
};

int valSleeper= 1000;
std::thread t(Sleeper(valSleeper),5);
t.detach();
std::cout << valSleeper;  // undefiniertes
                          // Verhalten
```

Das skizzierte Programm besitzt in zweifacher Hinsicht undefiniertes Verhalten. Zum einen ist die Lebenszeit des Ausgabestreams `std::cout` an die Lebenszeit des Main-Threads gebunden. Zum anderen nimmt der erzeugte Thread die Variable `valSleeper` per Referenz an. Da der erzeugte Thread länger lebt als sein Erzeuger, verlieren sowohl der Ausgabestream `std::cout` als auch die Variable `valSleeper` ihre Gültigkeit, sobald der Main-Thread fertig ist.

Operationen auf Threads

Threads bieten ein reiches Interface an.

Tabelle 15-1: Operationen mit einem Thread t

Methode	Beschreibung
`t.join()`	Wartet, bis der Thread `t` seine Ausführungseinheit beendet hat.
`t.detach()`	Erlaubt die Ausführung des erzeugten Threads `t` unabhängig vom Erzeuger-Thread.
`t.joinable()`	Prüft, ob `t` noch `join` oder `detach` unterstützt.
`t.get_id()` `std::this_thread::get_id()`	Gibt die Identität des Threads zurück.

Tabelle 15-1: Operationen mit einem Thread t (Fortsetzung)

Methode	Beschreibung
`std::thread::hardware_concurrency()`	Hinweis auf die Anzahl der Threads, die gleichzeitig ausgeführt werden können.
`std::this_thread::sleep_until(time)`	Legt den Thread bis zu einem Zeitpunkt schlafen.
`std::this_thread::sleep_for(time)`	Legt den Thread für eine Zeitspanne schlafen.
`std::this_thread::yield()`	Bietet dem System an, einen anderen Thread auszuführen.
`t.swap(t2)` `std::swap(t1,t2)`	Tauscht die Threads.

Auf einem Thread t lässt sich nur einmal `t.join()` oder `t.detach()` aufrufen. `std::thread::hardware_concurreny` gibt die Anzahl der verfügbaren Cores oder 0 zurück, falls die Laufzeit deren Anzahl nicht bestimmen kann. Die `sleep_until`- und `sleep_for`-Operationen erwarten Zeitobjekte (siehe Seite 49) als Argument. Threadobjekte können nicht kopiert, sondern nur verschoben werden:

```
#include <thread>
...
using std::this_thread_get_id;

std::thread::hardware_concurrency(); // 0

std::thread t1([]{get_id();}); // 139783038650112
std::thread t2([]{get_id();}); // 139783030257408

t1.get_id(); // 139783038650112
t2.get_id(); // 139783030257408

t1.swap(t2);

t1.get_id();  // 139783030257408
t2.get_id();  // 139783038650112
get_id();     // 140159896602432
```

Gemeinsam von Threads genutzte Daten

Greifen mehrere Threads gleichzeitig auf gemeinsame Daten zu, muss dieser Zugriff koordiniert werden. Genau diese Aufgabe erledigen Mutexe und Locks in C++.

Kritischer Wettlauf

Ein kritischer Wettlauf (*Race Condition*) entsteht dann, wenn mindestens zwei Threads gleichzeitig auf ein gemeinsames Datum zugreifen, wobei mindestens ein Thread dieses modifiziert. Damit ist das Programmverhalten undefiniert. Das verschränkte Ausführen der Threads lässt sich sehr eindrucksvoll mit dem Ausgabestream `std::cout` als gemeinsamer Variable zeigen.

```
#include <thread>
...
using namespace std;

struct Worker{
  Worker(string n):name(n){};
    void operator() (){
      for (int i= 1; i <= 3; ++i){
   this_thread::sleep_for(chrono::milliseconds(200));
   cout << name << ": " << "Work " << i << endl;
      }

    }
private:
  string name;
};

thread herb= thread(Worker("Herb"));
thread andrei= thread(Worker("  Andrei"));
thread scott= thread(Worker("    Scott"));
thread bjarne= thread(Worker("      Bjarne"));
```

Die Ausgabe auf `std::cout` ist entsprechend unkoordiniert.

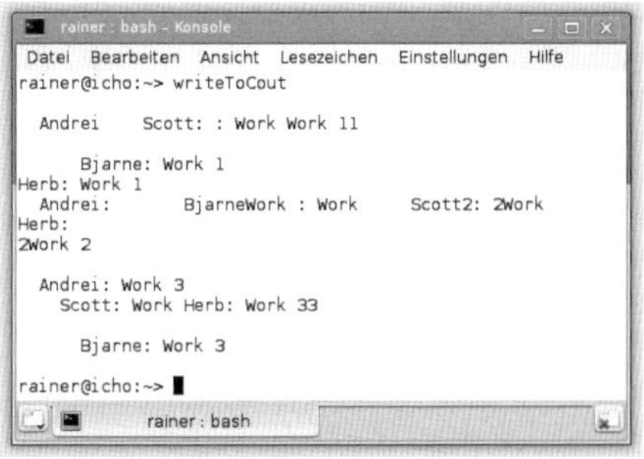

Der Eingabestream ist threadsicher

Der neue C++11-Standard sichert zu, dass die einzelnen Zeichen auf einem Ausgabestream nicht geschützt werden müssen. Geschützt werden muss nur der verschränkte Zugriff auf den Eingabestream, damit die Zeichensequenzen in der richtigen Reihenfolge ausgegeben werden. Die gleiche Zusicherung gilt auch für die Eingabestreams.

`std::cout` ist in diesem Beispiel die gemeinsame Variable, auf die nur ein Thread Zugriff haben soll.

Schutz der Daten mit Mutexen

Mutexe (*Mutual Exclusion*) `m` stellen sicher, dass nur ein Thread exklusiv einen kritischen Bereich betreten darf. Sie benötigen die Header-Datei `<mutex>`. Mutexe locken durch ihren Aufruf `m.lock()` den kritischen Bereich und geben ihn durch `m.unlock()` wieder frei.

```
#include <mutex>
...
using namespace std;

std::mutex mutexCout;

struct Worker{
  Worker(string n):name(n){};
```

```
      void operator() (){
        for (int i= 1; i <= 3; ++i){
        this_thread::sleep_for(chrono::milliseconds(200));
        mutexCout.lock();
        cout << name << ": " << "Work " << i << endl;
        mutexCout.unlock();
        }
      }
  private:
    string name;
  };
```

Die Ausgabe auf `std::cout` verläuft nun koordiniert, da alle Threads den gleichen Mutex `mutexCout` verwenden:

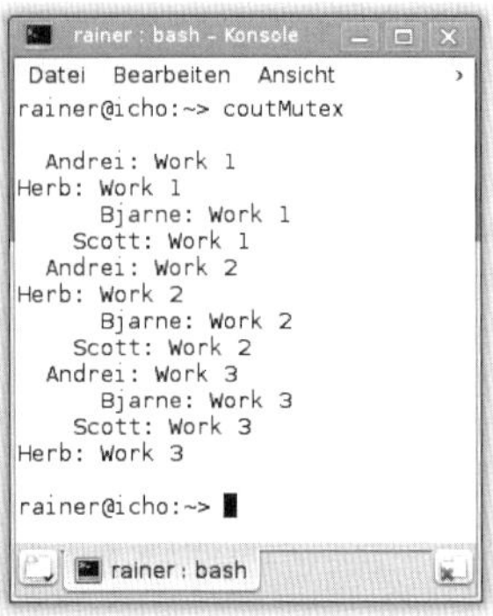

C++ bietet fünf verschiedene Mutexe an, die das rekursive und das versuchsweise Locken mit und ohne Zeitbedingung ermöglichen (Tabelle 15-2).

Tabelle 15-2: Mutex-Variationen

Methode	mutex	recursive_mutex	timed_mutex	recursive_timed_mutex	shared_timed_mutex
`m.lock`	ja	ja	ja	ja	ja
`m.unlock`	ja	ja	ja	ja	ja
`m.try_lock`	ja	ja	ja	ja	ja
`m.try_lock_for`			ja	ja	ja
`m.try_lock_until`			ja	ja	ja

Verklemmung

Eine Verklemmung (*Deadlock*) ist eine Zustand, in dem zwei oder mehrere konkurrierende Threads blockiert sind, da jeder Thread auf die Freigabe der Ressource wartet, bevor er seine Ressource freigibt. Dies ist häufig der Fall, wenn ein Mutex `m` mit `m.unlock()` nicht freigegeben wird. Dies geschieht zum Beispiel bei einer Ausnahme in dem Aufruf der Funktion `getVar()`.

```
m.lock();
sharedVar= getVar();
m.unlock()
```

Das Locken zweier Mutexe in verschiedener Reihenfolge birgt ein große Gefahr:

```
#include <mutex>
...
struct CriticalData{
  std::mutex mut;
};

void deadLock(CriticalData& a, CriticalData& b){
  a.mut.lock();
  std::cout << "get the first mutex\n";
  std::this_thread::sleep_for(std::chrono::milliseconds(1));
  b.mut.lock();
  std::cout << "get the second mutex\n";
  a.mut.unlock(), b.mut.unlock();
}

CriticalData c1;
CriticalData c2;

std::thread t1([&]{deadLock(c1,c2);});
std::thread t2([&]{deadLock(c2,c1);});
```

Locks

Zur automatischen Freigabe von Mutexen werden diese in Locks gekapselt. Dabei folgt der Lock dem RAII-Idiom (siehe Hinweis Seite 33), denn er bindet die Lebenszeit des Mutex an seine Lebenszeit. C++11 kennt mit `std::lock_guard` und `std::unique_lock` einen Lock für den einfachen und einen für den anspruchsvollen Anwendungsfall. Beide benötigen die Header-Datei `<mutex>`. Mit C++14 erhält C++ den Lock `std::shared_lock`. Er ist die Grundlage für Reader-Writer-Locks.

std::lock_guard

`std::lock_guard` ermöglicht nur den einfachen Anwendungsfall, seinen Mutex im Konstruktor automatisch zu binden und im Destruktor wieder freizugeben. Damit reduziert sich die aktuelle `Worker`-Implementierung auf das Binden des Mutex.

```
std::mutex coutMutex;

struct Worker{
  Worker(std::string n):name(n){};
  void operator() (){
    for (int i= 1; i <= 3; ++i){
   std::this_thread::sleep_for(std::chrono::milliseconds(200));
   std::lock_guard<std::mutex> myLock(coutMutex);
   std::cout << name << ": " << "Work " << i << std::endl;
    }
  }
private:
  std::string name;
};
```

std::unique_lock

Der `std::unique_lock` ist teurer in seiner Anwendung als der `std::lock_guard`. Er kann mit und ohne Mutex erzeugt werden, sein Mutex explizit locken oder freigeben, sein Mutex verzögert locken oder auch verschieben. Tabelle 15-3 zeigt das deutlich mächtigere Interface des `std::unique_lock`.

Tabelle 15-3: Die Mächtigkeit des std::unique_lock

Methode	Beschreibung
`lk.lock()`	Lockt den assoziierten Mutex.
`std::lock(lk1,lk2,lk3,...)`	Lockt atomar die den Locks assoziierten Mutexe. Die Anzahl der Locks ist beliebig.
`lk.lock()`	Lockt den assoziierten Mutex.
`lk.unlock()`	Gibt den assoziierten Mutex frei.

`lk.try_lock()`
`lk.try_lock_for(abs_time)`
`lk.try_lock_until(rel_time)`
	Versucht, den Mutex zu erhalten.

`lk.release()`	Gibt den Mutex frei. Der Mutex bleibt gelockt.
`lk.swap(lk2)` `std::swap(lk,lk2)`	Tauscht die Locks.
`lk.mutex()`	Gibt einen Zeiger auf den assoziierten Mutex zurück.
`lk.owns_lock()`	Prüft, ob der Lock einen Mutex besitzt.

Mit der Funktion `std::lock` lässt sich das Deadlock des Abschnitts »Verklemmung«, Seite 201, einfach lösen:

```
#include <mutex>
...
using namespace std;

struct CriticalData{
  mutex mut;
};

void deadLockResolved(CriticalData& a, CriticalData& b){
  unique_lock<mutex>guard1(a.mut,defer_lock);
  cout << this_thread::get_id() << ": get the first lock" <<
 endl;
  this_thread::sleep_for(chrono::milliseconds(1));
  unique_lock<mutex>guard2(b.mut,defer_lock);
  cout << this_thread::get_id() << ": get the second lock" <<
 endl;
  cout << this_thread::get_id() << ": atomic locking";
  lock(guard1,guard2);
}

CriticalData c1;
CriticalData c2;

thread t1([&]{deadLockResolved(c1,c2);});
thread t2([&]{deadLockResolved(c2,c1);});
```

Durch das Argument std::defer_lock des Locks std::unique_lock wird das Locken der beiden Mutexe a.mut und b.mut verzögert. Das Locken der beiden Mutexe findet in dem atomaren Funktionsaufruf std::lock(guard1,guard2) statt.

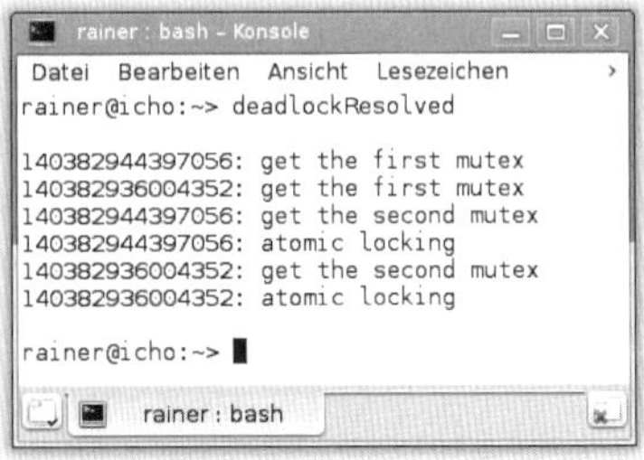

std::shared_lock

Der std::shared_lock besitzt das gleiche Interface wie der std::unique_lock. Anders als dieser erlaubt der std::shared_lock es aber, dass sich mehrere Threads zum gleichen Zeitpunkt einen gelockten Mutex teilen. Dazu muss der std::shared_lock zusammen mit dem std::shared_timed_mutex verwendet werden. Wird der gleiche Mutex aber von einem std::unique_lock verwendet, kann nur ein Thread diesen besitzen.

```
std::shared_timed_mutex sharedMutex);
std::lock_guard<std::shared_timed_mutex> writerLock(sharedMu-
tex);
std::shared_lock<std::shared_time_mutex> readerLock(sharedMu-
tex);
```

So besitzt in diesem einfachen Beispiel writerLock im Gegensatz zum readerLock exklusiv seinen gelockten Mutex.

Sichere Initialisierung der Daten

Wird eine Variable nur lesend verwendet, ist es ausreichend, sie sicher zu initialisieren. Mit konstanten Ausdrücken, mit statischen Variablen, die Blockgültigkeit besitzen, und der Funktion `std::call_once` in Kombination mit dem Flag `std::once_flag` bietet C++ drei Möglichkeiten an.

Konstante Ausdrücke

Konstante Ausdrücke werden zur Übersetzungszeit initialisiert. Damit sind sie per se threadsicher. Durch Voranstellen des Schlüsselworts `constexpr` vor den Typ wird dieser zum konstanten Ausdruck. Instanzen eigener Datentypen, deren Methoden alle konstante Ausdrücke sind, können selbst als konstanter Ausdruck erklärt werden.

```
struct MyDouble{
  constexpr MyDouble(double v):val(v){}
  constexpr double getValue(){ return val; }
private:
  double val
};

constexpr MyDouble myDouble(10.5);
std::cout << myDouble.getValue(); // 10.5
```

Statische Variablen mit Blockgültigkeit

Wird eine statische Variable mit Blockgültigkeit definiert, stellt der Compiler sicher, dass diese threadsicher initialisiert wird.

```
void blockScope(){
  static int MySharedDataInt=2011;
}
```

std::call_once und std::once_flag

`std::call_once` benötigt zwei Argumente, zum einen das Flag `std::once_flag` und zum anderen eine aufrufbare Einheit. Die C++-Laufzeit stellt mithilfe des Flags sicher, dass die aufrufbare Einheit genau einmal aufgerufen wird. Für das sichere Initialisieren ist die Header-Datei `<mutex>` notwendig.

```
#include <mutex>
...
using namespace std;
once_flag onceFlag;
```

```
void do_once(){
  call_once(onceFlag,[]{cout << "Only once." << endl;});
}

thread t1(do_once);
thread t2(do_once);
```

Obwohl beide Threads die Funktion `do_once` verwenden, wird die Lambda-Funktion `[]{ std::cout << "Only once." << std::endl; }` genau einmal ausgeführt.

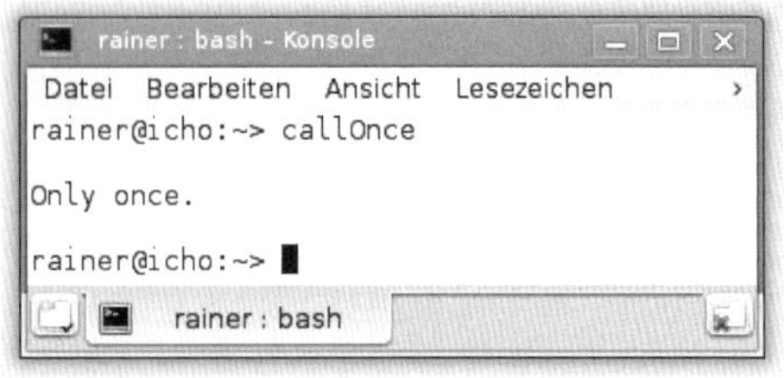

Thread-lokale Daten

Thread-lokale Daten werden durch das Schlüsselwort `thread_local` definiert. Jeder Thread besitzt eine eigene Kopie der Daten. Sie werden auch gern thread-lokaler Speicher genannt. Thread-lokale Daten verhalten sich wie statische Variablen. Sie werden bei ihrer ersten Verwendung erzeugt, sind an die Lebenszeit ihres Threads gebunden und gehören exklusiv ihrem Thread.

```
...
thread_local std::string s("hello from ");

void addThreadLocal(std::string const& s2){
  s+=s2;
  std::lock_guard<std::mutex> guard(coutMutex);
  std::cout << s << std::endl;
  std::cout << "&s: " << &s << std::endl;
  std::cout << std::endl;
}

std::thread t1(addThreadLocal,"t1");
std::thread t2(addThreadLocal,"t2");
```

```
std::thread t3(addThreadLocal,"t3");
std::thread t4(addThreadLocal,"t4");
```

Die vier Threads besitzen ihre eigene Kopie der `thread_local`-Variablen `s`.

Bedingungsvariablen

Bedingungsvariablen `std::condition_variable` ermöglichen es, Threads über Benachrichtigungen zu synchronisieren. Sie benötigen die Header-Datei <condition_variable>. Dabei agiert ein Thread als Sender und ein Thread als Empfänger der Nachricht. Gern werden Bedingungsvariablen dazu verwendet, Producer-Consumer-Arbeitsabläufe mit Threads zu implementieren.

Eine Bedingungsvariable kann sowohl die Rolle des Senders als auch die des Empfängers annehmen.

Tabelle 15-4: Die Methoden der Bedingungsvariablen cv

Methode	Beschreibung
`cv.notify_one()`	Benachrichtigt einen wartenden Thread.
`cv.notify_all()`	Benachrichtigt alle wartenden Threads.
`cv.wait(lock,...)`	Wartet auf die Benachrichtigung unter Zuhilfenahme eines `std::unique_lock`.

Tabelle 15-4: Die Methoden der Bedingungsvariablen cv (Fortsetzung)

Methode	Beschreibung
`cv.wait_for(lock,relTime,...)`	Wartet eine relative Zeit auf die Benachrichtigung unter Zuhilfenahme eines `std::unique_lock`.
`cv.wait_for(lock,absTime,...)`	Wartet eine absolute Zeit auf die Benachrichtigung unter Zuhilfenahme eines `std::unique_lock`.

Sender und Empfänger benötigen ein Lock. Im Fall des Senders reicht ein `std::lock_guard` aus, da er nur einmal das Lock bindet und wieder freigibt. Im Fall des Empfängers ist ein `std::unique_lock` notwendig, da er das Lock eventuell mehrfach bindet und wieder freigibt.

```
#include <condition_variable>
 ...
std::mutex mutex_;
std::condition_variable condVar;

bool dataReady= false;

void doTheWork(){
  std::cout << "Processing shared data." << std::endl;
}

void waitingForWork(){
    std::cout << "Worker: Waiting for work." << std::endl;
    std::unique_lock<std::mutex> lck(mutex_);
    condVar.wait(lck,[]{return dataReady;});
    doTheWork();
    std::cout << "Work done." << std::endl;
}

void setDataReady(){
    std::lock_guard<std::mutex> lck(mutex_);
    dataReady=true;
    std::cout << "Sender: Data is ready."  << std::endl;
    condVar.notify_one();
}

std::thread t1(waitingForWork);
std::thread t2(setDataReady);
```

Schutz gegen zufälliges Aufwachen

Um sich gegen zufälliges Aufwachen (*Spurious Wakeup*) zu schützen, sollte der `wait`-Methode zusätzlich ein Prädikat übergeben werden. Dieses Prädikat (`pred`) stellt sicher, dass tatsächlich eine Benachrichtigung vom Sender vorliegt. In dem obigen Beispiel kommt die Lambda-Funktion `[]{return dataReady;}` als Prädikat zu Einsatz.

Tasks

Neben dem Konzept von Threads bietet C++ Tasks an, um Aufgaben asynchron zu erledigen. Ein Task wird mit seinem Arbeitspaket parametrisiert und besteht aus den zwei assoziierten Komponenten *Promise* und *Future*. Diese beiden sind über einen Datenkanal miteinander verbunden. Während der Promise *Das Versprechen* sein Arbeitspaket ausführt und sein Ergebnis in dem Datenkanal zu Verfügung stellt, holt dieses der assoziierte `Future` *In der Zukunft* ab. Die zwei Verbindungsendpunkte Promise und Future können in separaten Threads ausgeführt werden. Die Besonderheit des Futures ist es, dass er sein Ergebnis zu einem beliebigen späteren Zeitpunkt abholen kann. Damit ist die Berechnung eines Werts mit dem Promise zeitlich vollkommen entkoppelt von der Abfrage des Ergebnisses mit dem assoziierten Future.

Fassen Sie Tasks als Datenkanäle auf

Tasks verhalten sich wie Datenkanäle. Während der *Promise* sein Ergebnis in den Datenkanal schiebt, wartet der *Future* auf dieses und holt es explizit ab.

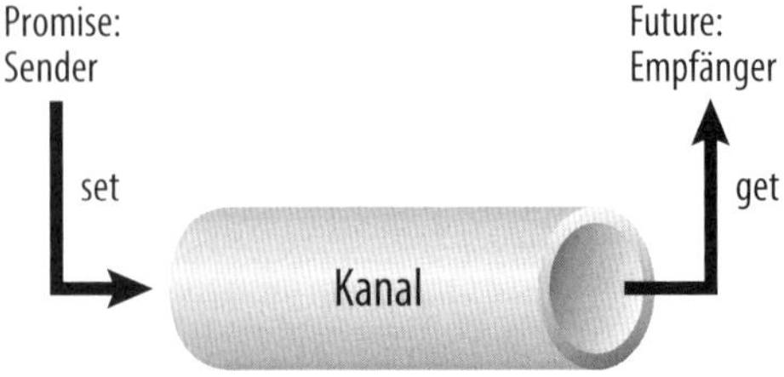

Thread versus Task

Threads unterscheiden sich deutlich von Tasks.

Bei dem Thread findet die Kommunikation über eine gemeinsame Variable, beim Task über einen Datenkanal statt. Der Vorteil beim Task ist insbesondere, dass der Zugriff auf diesen Datenkanal implizit geschützt ist. Daher sind keine Schutzmechanismen wie Mutexe (siehe Abschnitt »Schutz der Daten mit Mutexen«, Seite 199) notwendig.

Während ein Erzeuger-Thread auf seinen Kind-Thread mit dem `join`-Aufruf wartet, synchronisiert sich der Promise mit seinem Future `fut` durch seinen blockierenden `fut.get()`-Aufruf.

Tritt eine Ausnahme in dem Kind-Thread auf, terminieren sowohl der Kinder- als auch der Erzeuger-Thread. Hingegen kann der Promise die Ausnahme an den Future übergeben. Dieser muss anschließend die Ausnahme behandeln.

Ein Promise kann darüber hinaus einen oder mehrere Futures bedienen, er kann neben Werten auch Ausnahmen oder nur Benachrichtigungen schicken.

```
#include <future>
#include <thread>
...
int res;
std::thread t([&]{ res= 2000+11;});
t.join();
std::cout << ret << std::endl;  // 2011

auto fut= std::async([]{return 2000+11;});
std::cout << fut.get() << std::endl;  // 2011
```

Sowohl der Kind-Thread als auch der asynchrone Funktionsaufruf `std::async` addieren die zwei Werte `2000` und `11`. Der Erzeuger-Thread erhält das Ergebnis seines Kind-Threads `t` mittels der gemeinsamen Variablen `res`. Durch den Funktionsaufruf `std::async` wird der Datenkanal zwischen dem Sender (Promise) und dem Empfänger (Future) `fut` erzeugt. Diesen Datenkanal fragt der Future mit dem Aufruf `fut.get()` ab, um sein Ergebnis zu erhalten. Der `fut.get`-Aufruf ist blockierend.

std::async

`std:async` verhält sich wie ein asynchroner Funktionsaufruf. Dieser Funktionsaufruf wird über seine aufrufbare Einheit und deren Argumente parametrisiert. `std::async` kann als Variadic-Template beliebig viele Argumente und optional eine *Start-Policy* annehmen. Als Ergebnis gibt sie ein Future-Objekt `fut` zurück, um das Ergebnis des Funktionsaufrufs mit `fut.get()` abzuholen. Mit der *Start-Policy* lässt sich explizit steuern, ob der asynchrone Funktionsaufruf in dem Erzeuger-Thread (`std::launch::deferred`) oder in einem anderen Thread (`std::launch::async`) ausgeführt wird. Die Besonderheit des Aufrufs der Form `auto fut= std::async(std::async::deferred, ... )` ist es, dass der Promise, der durch den Funktionsaufruf `std::async` erzeugt wird, erst dann ausgeführt wird, wenn der Wert mit `fut.get()` nachgefragt wird.

```
#include <future>
...
using std::chrono::duration;
using std::chrono::system_clock::now;
using std::launch;
```

```
auto begin= now();

auto asyncLazy=std::async(launch::deferred,[]{return now();});
auto asyncEager=std::async(launch::async,[]{return now();});

std::this_thread::sleep_for(std::chrono::seconds(1));

auto lazyStart= asyncLazy.get() - begin;
auto eagerStart= asyncEager.get() - begin;

auto lazyDuration= duration<double>(lazyStart).count();
auto eagerDuration= duration<double>(eagerStart).count();

std::cout << lazyDuration << " sec";  // 1.00018 sec.
std::cout << eagerDuration << " sec"; // 0.00015489 sec.
```

Die Ausgabe des Programms zeigt, dass `asyncLazy` eine Sekunde später als `asyncEager` ausgeführt wurde. Das ist genau die Zeitspanne, die der Erzeuger-Thread schläft, bevor er seine Future-Werte abfragt.

---

std::async ist die erste Wahl für einen Task

Die C++-Runtime entscheidet, ob `std::async` in einem neuen Thread ausgeführt wird. Entscheidungskriterien für die C++-Runtime können die Größe des Arbeitspakets, die Anzahl der Rechenkerne oder auch die Auslastung des Systems sein.

---

std::packaged_task

`std::packaged_task` erlaubt es, einen einfachen Wrapper um eine aufrufbare Einheit zu erzeugen, sodass diese später ausgeführt werden kann. Dazu sind die folgende Schritte notwendig:

1. Verpackt die Aufgabe:

   ```
   std::packaged_task<int(int,int)> sumTask([](int a, int b){return
   a+b;});
   ```

2. Erzeugt den Future:

   ```
   std::future<int> sumResult= sumTask.get_future();
   ```

3. Führt die Berechnung aus:

   ```
   sumTask(2000,11);
   ```

4. Holt das Ergebnis ab:

   ```
   sumResult.get();
   ```

Sowohl die Task, die die aufrufbare Einheit ausführt, als auch der Future können explizit in einen anderen Thread verschoben werden.

```
#include <future>
...
using namespace std;

struct SumUp{
  int operator()(int beg, int end){
    for (int i= beg; i < end; ++i ) sum += i;
    return sum;
    }
  private:
    int beg;
    int end;
    int sum{0};
};

SumUp sumUp1, sumUp2;

packaged_task<int(int,int)> sumTask1(sumUp1);
packaged_task<int(int,int)> sumTask2(sumUp2);

future<int> sum1= sumTask1.get_future();
future<int> sum2= sumTask2.get_future();

deque< packaged_task<int(int,int)>> allTasks;
allTasks.push_back(move(sumTask1));
allTasks.push_back(move(sumTask2));

int begin{1};
int increment{5000};
int end= begin + increment;

while ( not allTasks.empty() ){
  packaged_task<int(int,int)> myTask= move(allTasks.front());
  allTasks.pop_front();
  thread sumThread(move(myTask),begin,end);
  begin= end;
```

```
        end += increment;
        sumThread.detach();
    }

    auto sum= sum1.get() + sum2.get();
    cout << sum; // 50005000
```

Im ersten Schritt werden die Promise (`std::packaged_task`) in die `std::deque` geschoben. In der `while`-Schleife findet die Iteration über die Promise statt. Jeder Promise landet in seinem eigenen Thread und führt seine Addition im Hintergrund (`sumThread.detach()`) aus. Das Ergebnis ist die Summe aller Ganzzahlen von 0 bis 100000.

std::promise und std::future

Das Paar `std::promise` und `std::future` gibt die volle Kontrolle über die Tasks.

Tabelle 15-5: Die Methoden des Promise prom

Methode	Beschreibung
`prom.swap(prom2)` `std::swap.(prom,prom2)`	Tauscht die Promise-Objekte.
`prom.get_future`	Gibt den Future zurück.
`prom.set_value(val)`	Setzt den Wert.
`prom.set_exception(ex)`	Setzt die Ausnahme.
`prom.set_value_at_thread _exit(val)`	Speichert den Wert und setzt ihn auf bereit, sobald der aktuelle Thread beendet ist.
`prom.set_exception_at_thread _exit(ex)`	Speichert die Ausnahme und setzt sie auf bereit, sobald der aktuelle Thread beendet ist.

Falls der Wert oder die Ausnahme eines Promise mehrmals gesetzt wird, erzeugt die C++-Laufzeit eine `std::future_error`-Ausnahme.

Tabelle 15-6: Die Methoden des Futures fut

Methode	Beschreibung
`fut.share()`	Gibt einen `std::shared_future` zurück.
`fut.get()`	Gibt das Ergebnis zurück. Dies kann ein Wert oder eine Ausnahme sein.
`fut.valid()`	Prüft, ob der gemeinsame Zustand vorliegt. Nach dem Aufruf von `fut.get()` gibt `fut.valid()` `false` zurück.

Tabelle 15-6: Die Methoden des Futures fut (Fortsetzung)

Methode	Beschreibung
`fut.wait()`	Wartet auf das Ergebnis.
`fut.wait_for(relTime)`	Wartet eine relative Zeit auf das Ergebnis.
`fut.wait_until(relTime)`	Wartet eine absolute Zeit auf das Ergebnis.

Durch `fut.share()` erzeugt der Future `fut` einen `std::shared_future`. Diese sind mit dem Promise des `fut` assoziiert und können unabhängig voneinander das Ergebnis des Promise abfragen. Dabei besitzt ein *Shared Future* das gleiche Interface wie ein Future (siehe Tabelle 15-6).

Das Beispiel zeigt Promise und Future in der Anwendung:

```
#include <future>
...
void product(std::promise<int>&& intPromise, int a, int b){
  intPromise.set_value(a*b);
}

int a= 20;
int b= 10;

std::promise<int> prodPromise;
std::future<int> prodResult= prodPromise.get_future();

std::thread prodThread(product,std::move(prodPromise),a,b);
std::cout << "20*10= " << prodResult.get();  // 20*10= 200
```

Der Promise `prodPromise` wird in einen separaten Thread verschoben und führt in diesem seine Berechnung aus, das der Future `prodResult` abholt.

Verwenden Sie Promise und Future für die Synchronisation von Threads

Ein Future `fut` kann durch den Aufruf `fut.wait()` einfach mit seinem Promise synchronisiert werden. Dazu sind im Gegensatz zu den Bedingungsvariablen keine Locks und Mutexe notwendig:

```
#include <future>
...
```

```
void doTheWork(){
  std::cout << "Processing shared data." << std::endl;
}

void waitingForWork(std::future<void>&& fut){
    std::cout << "Worker: Waiting for work." <<
std::endl;
    fut.wait();
    doTheWork();
    std::cout << "Work done." << std::endl;
}

void setDataReady(std::promise<void>&& prom){
    std::cout << "Sender: Data is ready."  <<
std::endl;
    prom.set_value();
}

std::promise<void> sendReady;
auto fut= sendReady.get_future();

std::thread t1(waitingForWork,std::move(fut));
std::thread t2(setDataReady,std::move(sendReady));
```

Der Sender benachrichtigt durch `prom.set_value()`, dass der Empfänger seine Arbeit beginnen kann.

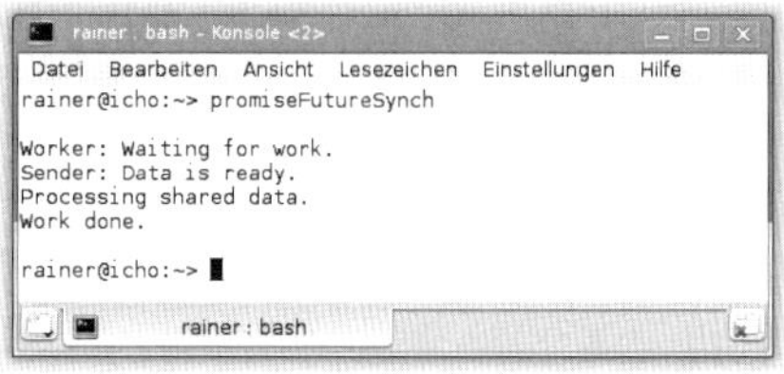

Index

Symbole

A

B

F

G

H

I

S